中等职业学校课程改革新教材

广西中等职业教育教材审查委员会审查通过

# 职业生涯规划

ZHIYE SHENGYA GUIHUA

（广西版）

主编　黄艳芳

广西科学技术出版社

U0727290

图书在版编目（CIP）数据

职业生涯规划：广西版/黄艳芳主编.—南宁：广西科学技术出版社，2009.7（2018.1重印）

ISBN 978-7-80763-285-6

Ⅰ．职… Ⅱ．黄… Ⅲ．职业选择—专业学校—教材

Ⅳ．G717.38

中国版本图书馆CIP数据核字（2009）第065821号

**职业生涯规划（广西版）**

主　编　黄艳芳

责任编辑：彭溢楚　　　　　　　　封面设计：潘爱清

责任校对：韦丽娜　　　　　　　　责任印制：陆　弟

出 版 人：卢培钊　　　　　　　　出版发行：广西科学技术出版社

社　　址：广西南宁市东葛路 66 号　　邮政编码：530022

网　　址：http://www.gxkjs.com　　在线阅读：http://www.gxkjs.com

经　　销：全国各地新华书店

印　　刷：广西万泰印务有限公司

地　　址：南宁市经济开发区迎凯路 25 号　　邮政编码：530031

开　　本：787 mm × 1092 mm　1/16

字　　数：229 千字　　　　　　　印　张：11.5

版次印次：2018 年 1 月第 1 版第 21 次印刷

书　　号：ISBN 978-7-80763-285-6　　定　价：22.00 元

主　　　编　黄艳芳

副　主　编　莫坚义

参编人员　许援竺　卢玉珑　孙锦瑞　黄雪萍　罗华江

　　　　　　莫志明　黄　乐　谭永刚

# 目　录

# 第一单元

# 开创你的未来

　　这是一个没有终身职业的时代，我们唯一要做的，是让自己终身拥有职业。在职业生涯发展的道路上，重要的不是你现在所处的位置，而是迈出下一步的方向。成功的人生是科学规划的结果。

　　职业生涯规划关注谋生、职业目标实现和职业发展，体现对人生幸福的主动追求和创造。

　　职业生涯规划，只要开始，永远不晚；只要进步，总有空间。对自己职业生涯进行规划并认真实施，你会一步步走向成功人生。

**案例**

# 成功的人生必有成功的职业生涯规划

尽管越来越多的人开始认识到职业生涯规划的重要性，但人生不可预测的事情太多。职业生涯能否设计，职业生涯目标能否按规划的进程得以实现，这是人们在进行职业生涯规划时首先会提出的问题。在回答这个问题之前，我们先来看看比尔·拉福——一位美国青年企业家成功的职业生涯规划。

早在中学毕业之际，比尔·拉福就已立志经商。比尔·拉福的父亲是洛克菲勒集团的一名高级职员，在商界摔打了多年，对商海中的事务了如指掌，深谙其中奥妙。他发现儿子有商业天赋，且机敏果断、敢于创新，但很少经历磨难，没有经验，更缺乏知识。于是，他与比尔·拉福共同制订了计划，描绘出职业生涯的蓝图。比尔·拉福听从了父亲的劝告，升学时并没有直接去读贸易专业，而是选择了工科中最基础、最普通的专业——机械制造。工科学习不仅是知识技能的培养，它还能帮助你建立一套严谨求实的思维体系，训练你的推理分析能力，使你有一种脚踏实地的工作态度，这些素质对经商帮助极大。比尔·拉福就这样在麻省理工学院学习了许多化工、建筑、电子等方面的基础知识，这些知识在他后来的商业活动中发挥了极其重要的作用。

大学毕业后，比尔·拉福并没有立即一头扎进商海，按照原先的设计，他开始攻读经济学的硕士学位。在市场经济条件下，一切经济活动都通过商业活动来进行，不了解经济规律，不学习经济学方面的知识，很难在商业领域立足。于是比尔·拉福又考进芝加哥大学，开始了为期3年的经济学硕士课程的学习。他还特意认真学习了有关的经济法律。在现代商业活动中，法律充当了至关重要的角色，没有法律保障，现代商业将陷入一片混乱。比尔·拉福对会计、财务管理也较为精通。这样，几年下来，他在知识上完全具备了经商的素质。

令人感到意外的是，比尔·拉福拿到硕士学位后仍没有立即投身于商海，而是考了公务员，去政府部门工作。原来，他的父亲，这位老谋深算的商业活动家深知，经商必须有很强的交际能力，人际关系在商业活动中异常重要，要想在商海中获得成功，必须深谙处世规则，充分了解人的心理特征，善于与人交往，能够给人以良好的印象，使人信任你，愿意与你合作。而训练交际能力和观察人际关系的最佳场所就是政府部门。比尔·拉福在政府部门一干就是5年。这5年中，他从稚嫩的热血青年成长为一名老成、世故、不动声色的公务员。此外，他通过这5年的政府机关工作，结识了一大批各界人士，建立起一套人际关系网络。

5年的政府部门工作结束之后，他辞职下海，去了父亲为他引荐的通用公司熟悉商业业务。又经过2年，他已熟练掌握了商情与商务技巧，业绩斐然。这时他不再耽误时间，婉言谢绝了通用公司的高薪挽留，辞职开办拉福商贸公司，开始了梦寐以求的商人生涯，正式实施多年前的商业计划。他的生意进展得异常顺利，公司的发展速度出奇的快。20 年之后，拉福公司的资产从最初的 20 万美元增长到了 2 亿美元。

比尔·拉福成功的职业生涯设计图是工科学习—工学学习—经济学学习—经济学硕士—政府部门工作—锻炼交际能力及熟悉人际关系—到大公司工作—熟悉商务环境—开公司—致富。他的职业生涯规划脉络清晰、步骤合理，充分考虑了个人兴趣和个人素质，着重突出了职业技能的培养，这种生涯规划在他坚持不懈的努力下，终于变为现实。当然，比尔·拉福的成功还有许多其他有利的条件和因素，但从他的成功之路中，我们仍可以得到一个重要的启示，就是个人的职业生涯规划乃事业成功的导航图和助推器，是经营人生的法宝。

## 第一节　人生发展要规划

今天你站在哪里并不重要，但是下一步你迈向何方却很重要，成功的人生是科学规划的结果。或许你已经知道，进入中等职业学校后你的职业生涯预备期便已开始，但你是否想过为自己的职业生涯做一份计划呢？

## 一、职业与职业生涯

自从人类社会分工出现以后，职业就产生了，它是以生产的社会分工为基础的。尤其是工业革命极大地提高了生产力水平后，职业活动的种类就越来越多，人们不免对选择什么职业、如何从事某个职业产生困惑。因此，了解职业基础知识，对我们正确择业、规划人生有重要意义。

### （一）职业的内涵

1. 职业的概念。所谓职业，是指由于社会分工而形成的具有特定专业和专门职责，为社会创造物质和精神财富，以获取合理的报酬作为物质生活来源，并满足精神需求的工作。职业是在人类社会出现分工之后而产生的一种社会现象，它是个人价值转化为社会价值的载体，是一个人社会地位的一般性表征。人们为了自身的生存和社会的发展，都要从事某种专门的社会工作和承担一定的社会责任，并以此作为自己获得生活资料的主要手段，因此职业既是人们谋生的手段，又是人们与社会进行交往的一种主要的渠道。

2. 职业的产生与历史演化。职业是社会分工的产物。从原始社会后期开始，人类进行了三次社会大分工，即畜牧业和农业的分工、手工业和农业的分工、体力劳动和脑力劳动的分工，从而产生了职业。在奴隶社会和封建社会，生产力的发展、科学技术的进步比较缓慢，人们大多从事农牧业、手工业，职业的分化也是缓慢的。到了资本主义社会，特别是经过工业革命，大机器生产的出现促进了社会生产力的迅速发展，机械化、电气化、自动化的实现使社会结构、产业结构发生了巨大变化，人们的生产方式、生活方式、行为方式也发生了巨大变化，新的职业不断增加，旧的职业不断更新发展。从工业革命时期的纺织业到 20 世纪的钢铁业，用了一个多世纪，而电子计算机业从生产到发展只用了短短几十年。特别是到了今天的知识经济时代，以高新技术为特点的第四产业迅速发展，知识不断更新，职业的演变速度加快，职业的更替频率也加快。

3. 职业的特征。职业作为一种普遍的社会现象，具有六个特点。

（1）职业的经济性。人们从事职业活动并因此而获得经济收入，构成维持生活稳定的、持续的主要经济来源。

（2）职业的稳定性。职业通常有着长期积累和发展的历史，在一定时期内相对稳定，有明显的连续性。职业一旦形成以后往往具有较长的生命周期，它要经历一个从酝酿到形成，从发展到完善再到消亡的变化过程。

（3）职业的社会性。职业是人们所从事的种种社会活动，职业活动过程也是为社会提供服务的过程，每个人的职业岗位远远超出了个体范围而具有广泛的社会意义。因此，职业劳动具有深刻的社会性。

（4）职业的群体性。职业作为一种社会活动，往往由群体共同承担其复杂的活动内容，职业内不同的岗位对知识、技能及工作规范的要求也不同，但一定会存在与职业相关的内在联系。

（5）职业的规范性。职业主体所从事的职业活动必须符合国家法律规定和社会伦理道德准则。所谓"行有行规"，每一种职业都由其特定的职业规范来维持其有序地开展活动。

（6）职业的技术性。纵观职业发展的历史，但凡职业都表现出以一定知识、技巧为基础的思维方式、动作方式或操作程序等要求。尽管每一种职业所表现出来的技术性要求不同，但它们都是职业得以存在的基本表现形式。因此，现代社会中某种技能往往又成为相应职业的代名词。

### （二）职业生涯的内涵

职业生涯就是一个人的终身职业经历。职业生涯是个发展的概念，是一个动态的过程。它不仅包括一个人的过去、现在和未来那些可以实际观察到的连续从事的职业发展过程，还包括个人对职业生涯发展的见解和期望。

职业生涯的含义可分为广义和狭义两种。广义的职业生涯是指从职业能力的获得、职业兴趣的培养、选择职业、就职，直至最后完全退出职业劳动的一个完整的职业发展过程，其上限从 0 岁开始。狭义的职业生涯则是指从职业学习开始，到踏入社会从事工作到职业劳动的最后结束、离开工作岗位为止的这段人生职业工作历程。

职业生涯定义应包含这样几层含义：第一，这是一个个体的行为经历，与组织或群体关系较小，它随主体的不同有很大的变化；第二，这个生涯是以职业为核心的，是一个人一生中的工作任职经历；第三，这是一个发展的过程，这个过程随着时间的延续而改变。当今世界，很少有人能够终身从事某一职业，每个人都是在工作的过程中慢慢寻找最适合自己的职业，即使在同一职业中，个人的职位也在不断发展和变化着。应该说，每个人的职业生涯是漫长的，它占据了人们的大部分生命历程。

### （三）职业生涯发展阶段

职业生涯发展阶段是指个人职业生涯中具有各种不同特征的不同时期。

职业生涯的发展常常伴随着年龄的增长而变化。尽管每个人从事的具体职业各不相同，但在相同的年龄阶段往往表现出大致相同的职业特征、职业需求和职业发展任务，据此可以将一个人的职业生涯划分为不同的五个阶段。

1. 职业准备期。一般从就学到 22 岁。这一阶段主要任务是为职业选择而接受教育。个人职业的自我设想，大多数是在少年期、青年期和成年初期逐步发展起来的。在职业准备期，主要是发展及发现个人的价值兴趣和能力，积极培养自身良好的品德，学习各种文化知识，培养各种能力，为一下阶段的奋斗打下坚实的基础。

2. 职业适应期。一般在 22～30 岁。主要任务是在职业和组织中确立自己的位置。包括适应环境和工作条件、调整职业期望、建立初步的人际关系、掌握工作流程。此时刚刚步入社会，社会经验尚不足，处事不够老练，需要多学、多问，获取长辈乃至同辈的教导和经验，以利于下一阶段的继续发展。

3. 职业稳定期。一般在 30～40 岁。主要任务是积极开创自己的事业，争取获得更大的发展空间。在这个阶段，人们承担起了工作的责任，发挥并发展了自己的能力，积累了比较丰富的经验，为提升或进入其他职业领域打基础。

4. 职业成熟期。一般在 40～55 岁。主要任务是根据形势的变化和自身的条件，不断修订事业目标，攀上新高峰。学会为别人承担责任，从别人的成就中感到满足，平衡工作和家庭的关系。

5. 职业引退期。一般从 55 岁开始。大多数人对成就和发展的期望减弱，而希望维持保留自己目前的地位和成就，开始注重做个人感兴趣的事。

## 二、职业生涯规划与人生发展

职业生涯规划其实是对人的一生发展的规划。对于中职生来说，职业生涯规划的过程是强化职业意识、职业理想、职业道德和就业观、创业观教育的过程。科学、合理的职业生涯规划，有助于我们树立积极的心态，顺利踏入社会，走上职业岗位，实现职业理想和人生目标。对于中等职业学校来说，作为职业指导的一项重要内容，职业生涯规划应受到高度重视。

### （一）职业生涯规划的概念

职业生涯规划是根据经济社会发展需要即就业环境和本人实际情况，对决定一个人职业生涯的主、客观因素进行分析、总结和测定，制订未来职业生涯发展的实施计划。职业生涯规划的实质是追求最佳职业生涯的过程。

对中等职业学校的学生而言，职业生涯规划就是在对自我和职业世界认知的基础上，根据自己的专业技能、兴趣、性格、价值观，结合社会环境分析，对将来要从事的职业以及要达到的职业目标作出方向性选择，并制订出实现目标的可行性实施方案。

### （二）职业生涯规划对人生发展的意义

人凭借职业服务社会，获取相应报酬，用以成家立业、养老抚幼……在人的一生中，职业期最长，占了人生的一半。一个人有无职业决定其有无作为，职业期是人生最有作为的时期。人将一生最珍贵的年华都献给了职业，人生最辉煌的成就体现在职业之中。

职业生涯规划是满足人生需求的重要手段，能促成个人自我价值的实现。

面对人生大舞台，相信每个人都渴望实现自我的价值，追求成功是人的本性。美国心理学家马斯洛曾经说过"人是永远不能满足的动物"，并提出了著名的"需要层次论"，认为人的需要由低级向高级递进，即从生理需求向心理需求递进，人最本质的需要是自我实现的需要。谁都希望能在自己的职业生涯中有所成就，但是成功仅凭主观努力是不够的，关键是你是否选择了正确的方向。一个人的职业生涯是生活的重要组成部分，选择了一份职业，就选择了一种社会角色，进而选择了一种生活方式。我们在社会舞台上的职业角色扮演得如何，过着什么样的生活，其实是可以把握的。每一个人都应该是自己人生职业的规划者和耕耘者，为实现自我价值规划好发展蓝图，扬长避短，最终走向成功。

## 三、中职生职业生涯规划的特点

不同的生涯阶段有不同的发展任务，中职生正处于职业准备和建立阶段，这一阶段的主要任务是建立自信心，学习专业知识和技能，积累经验，培养以敬业精神为核心的人文素质和以职业技能为核心的职业素养。积极探索自我和职业世界，根据社会需要和自身的素质及愿望，学习尝试作出合理的职业决策。因此，中职生的职业生涯规划侧重于以探索自我和职业世界，以提高自身竞争力为主轴开展的学业生涯规划，同时兼顾初次就业目标的实现和发展。其目标设定、时间规划和实施策略都与已参加工作的从业者不尽相同。中职生进行职业生涯规划的特点如下。

1. 开放性。中职教育一方面向学生提供教育服务，另一方面向市场提供人才培养服务，服务性质凸显。因此，中职生能够确定自己的职业定位，及早开始职业生涯规划。中职学习的三年将不再是努力适应校园，而是转为努力适应社会，适应自己未来的职业。这使中职生在职业定位和形式上呈现出开放性的特点。如果个人在制定自己的职业生涯规划时，不考虑社会和企业环境的要求与发展趋势，单从个人愿望出发，只顾闭门造车，规划就难以实现。

2. 个别性。人的发展的动力源泉在于自身，个人职业生涯规划必须由个体自己来主导。由于个体间的性格、价值观、思维方式、行为方式、对成功的评价等方面的认知差异，以及个体成长环境、文化背景、能力、职业目标等不尽相同，所以，个人职业生涯规划只能是个性化的发展蓝图。从这个意义上来说，个人职业生涯规划没有一个固定的模式，只能根据自己的实际情况悉心制定。

3. 不稳定性。人生职业分为三个层次：就业、职业、事业。职业生涯规划是通过一个个目标链来绘制个体人生发展的蓝图。现代职业具有自身的区域性、行业性、岗位性等特征，比如特殊政策、行业现状、人才需求、平均工资状况等。毕业时的就业环境、自身素质很可能使职业生涯与所学专业的关系毫不相关。这要求中职生在进行职业生涯规划时具有前瞻的眼光、敏锐的洞察力，及早明确职业方向，制定择业策略。

## 第二节 职业理想的作用

理想是人们对美好未来的向往和追求，是人们的立场、观点在奋斗目标上的体现。理想包括社会理想、道德理想、职业理想和生活理想。职业理想是指个体在一定世界观、人生观和价值观的指导下，对自己未来所从事的职业和发展目标作出的想象和设计，也就是人们对未来工作种类和工作成就的向往和追求。职业理想是人们实现个人生活理想、道德理想和社会理想的手段，并受社会理想的制约。职业理想是人们对职业活动和职业成就的超前反映，与人的价值观、职业期待、职业目标密切相关，与世界观、人生观密切相关，决定着人们在职业活动中的事业心和责任感。

# 一、职业理想激励人生发展

## （一）职业理想是职业选择的向导

由于职业理想是人们对未来职业的向往，一个人一旦确立了科学的职业理想，就应当朝着实现这一理想的方向去努力。而为了实现自己的职业理想，首先必须选择一个与之相适应的职业，这个职业可以是所从之业，也可以是所创之业，否则职业理想就无法或者很难得到实现。因此在进行职业选择时，职业理想将起到非常重要的导向作用。

实践证明，当我们把职业理想作为自己在职业生活中的具体奋斗目标时，其具体选择职业的行为将会受到积极的影响并产生激励作用。在繁杂的社会职业中，不同的职业理想将引导人们选择不同的职业，一个合理、正确的职业理想能以巨大的感召力指引人们正确进行职业选择，唤起人们从业的热情和勇气，在成就事业的征途上奋力拼搏。一个人一旦在心中确立了自己的职业理想，就会为具体的目标去积极地准备，努力奋斗。由此看来，职业理想可以帮助我们确立职业目标，在就业和从业过程中起激励和导向作用。

## （二）职业理想是职业成功的推动力

由于职业理想是人们对未来职业的追求，它不仅包括工作的部门、工作的种类，还包括工作成就。无论是从业还是创业，每个人都有自己的职业理想。为了实现自己的职业理想，从学生时代起，就必须积极进行相关知识的积累和相关能力的培养，为选择自己理想中的职业作准备；走上职业岗位后，还要能够利用自己所学的知识和所掌握的能力，努力地、创造性地做好岗位工作，力争取得优异的工作成绩，并最终取得职业成功。

在社会主义现代化建设时期，中职生只有找准明确的奋斗目标和正确的发展方向，找准自己的职业岗位，才能为实现全社会的共同理想和远大理想建功立业。因为人们在力所能及的范围内，追求的目标越高，直接激发出来的动力就越强。职业理想作为一种可能实现的奋斗目标，是人们实现职业愿望的精神支柱和力量源泉。职业理想一经确立，就会激励人们为之付出努力，激发人们的精神力量，直到取得事业上的成功。

## （三）职业理想是事业成功的精神支柱

职业理想能帮助人们将自己所从事的职业升华为事业，职业生涯的最高境界，便是职业与事业的统一。

职业与事业是有区别的，职业是主要生活来源的工作，你可以喜欢也可以不喜欢，它与事业并不矛盾。但事业是你的兴趣所在，你的爱好与追求，你一生奋斗的目标。在现实生活中，有人把职业当成谋生糊口的手段，有人把职业当事业，两种职业取向的结果有天壤之别。通常，职业成功的人一定是属于把职业当事业的人。

把职业当事业，关键是要有远大的职业理想，职业理想是事业成功的原动力。职业理想体现了人们为了实现人生理想对未来发展目标的向往和追求，决定着一个人的生活方向和道路，是人们进行有目的的实践活动的一种强大的精神动力。功业的建立、社会的前进、人类的发展都与职业理想分不开，一个人没有职业理想，就会失去学习和工作的动力。

### （四）职业理想是实现人生价值的导航灯

每个人的人生目标是通过职业理想来确立的，并最终通过职业理想来实现。人们一旦确立了自己认为理想的职业方向，就会根据职业理想所确定的目标来规划自己的学习、工作实践，从知识、技能等去完善职业素质，提升职业道德。托尔斯泰曾说过："理想是指路的明灯，没有理想就没有坚定的方向，就没有生活。"

人生价值分为自我价值和社会价值两个层面。个人的生存、发展是个人适应社会、融入社会、改造社会的过程，是在推动经济、社会发展过程中的自我完善。人生理想一旦形成，就会变成自觉的实际行动，使人在行动中产生强烈的意志和情感。一旦明确了自己的职业目标，确定了未来的从业方向，就会把今天的学习与明天的职业成就联系起来，把人生融入国家和民族的伟大事业中，不为职业优劣所困扰，更好地珍惜在学校的学习时光，为将来所从事的社会角色作充分的准备。

## 二、职业理想是社会发展的驱动力

社会理想是理想的核心，它贯穿于一切理想之中，起着支配、制约其他理想的作用。社会理想主要指一定社会集团（群体）或社会中一定成员对所向往和追求的未来社会的一种美好的想法，是人们思想和行为的总目标，影响着职业理想的发展和实现程度。社会理想所向往、追求和设想的是社会的经济制度、政治制度以及整个社会形态，职业理想所向往、追求和设想的是职业岗位及就业要求。职业理想是社会理想的具体化，没有职业理想，社会理想就是空谈。人们通过从事一定职业，并以此为依托去实现自己的社会理想。它们是相辅相成、相互影响的统一体。职业理想是实现社会理想的桥梁。人们总是通过职业理想的实现达到改造社会、造福人类的目的的。一个人在社会所需要的职业岗位上发挥聪明才智，作出了有利于社会经济发展的贡献，就是为实现自己的职业理想作出努力。人们通过对职业理想的追求和实践，既满足了经济社会发展的需求，推动了社会进步，又满足了个人生存发展的需求。

经济社会发展需求本质上就是人类的需要，经济社会发展需求反映的是人类需要的共性，必须通过人的活动才能满足。个人对社会现实与发展的憧憬以及对人生所持态度的不同，其职业理想就会有不同的表现形式。正确的职业理想是推动社会进步的精神力量，是人在职业活动中的精神支柱。现阶段我国人民对全面建设小康社会的追求，引导着人们正确职业理想的形成，促使人们在职业活动中付出更多的努力。个人生存发展需求与个人价值的实现离不开社会发展的大环境，只有社会成员的愿望符合社会发展的需要，社会才能进步，个人也才能发展。正确的职业理想保证了社会理想的实现。有正确职业理想的人，对自己的职业前途充满信心，乐于把自己的精力倾注到自己的职业岗位中去，为社会、为人民作出更大的贡献。

## 三、职业生涯规划与职业理想的实现

一个人选择什么样的职业，通常都是以其职业理想为出发点的，有兴趣、符合个人爱好是做好职业工作的重要前提。萨波根据心理学观点在1951年提出：职业规划是协助个人发展并接受完整而适当的自我形象，发展并接受完整而适当的职业角色形象，在现实世界中检验并转化为实际的职业行为，以满足个人的需要，造福社会，将自我职业、个人与社会融为一体，成为职业规划指导的新方向。

### （一）有助于树立良好的职业理想

随着经济社会的发展，社会对人才的要求越来越高。这就要求我们从入学开始就要有个明确的方向，对自己的未来有所思考：毕业后我想做什么？要实现目标必须具备哪些条件？在两年的在校学习期间和一年的企业实习期间，如何才能一步步地达到目标？事实上，这就是一种职业生涯规划。它可以帮助我们更早地确立自己的目标，树立合适自己的职业理想，更高效地过好每一天；不断提高自己的知识能力和专业操作技能，建立良好的人际关系；适应现代社会对人才的要求，更好地向人生目标迈进。

### （二）有助于实现自己的职业理想

职业生涯规划是人生规划，是成功实现职业理想的桥梁。职业生涯规划能够将个人的职业理想具体到日常的生活和学习中，使自己的活动具有目的性、条理性、计划性。通过职业生涯规划，不仅能够帮助自己正确认识现实的我，而且还能合理预测明天的我。这既是确定职业生涯目标的重要依据，也是制定实现目标的具体措施的基础。

职业的存在和发展与社会的需求是紧密联系的，因此了解社会的需求是成功择业并就业的关键。了解社会主要是要了解社会需求量、竞争系数和职业发展趋势，从而使我们能够正确地选择符合社会需要及自己身心特点的职业，了解职业世界和自身素质，较合理地确定未来职业方向，实现自己的职业理想。

◄◄ **课程实践** ►►

案例分析：《蚯蚓的目标阶梯》

蚯蚓并不是他的原名，而是由于他长得黑矮瘦弱，因而得名。

18岁高中毕业后，蚯蚓什么事都挺顺当。在过去的十年里，他与朋友见面时都被问到同一个问题：你将来的目标是什么？

朋友得到的答案总不相同，蚯蚓每次谈及目标时的原话是这样的：

18岁，高中毕业典礼上："我发誓要当李嘉诚第二！我要当中国首富！"

20岁，春节老同学聚会上："我想创立自己的公司，30岁前拥有资产2 000万元。"

23岁，在某市工厂当技术员，第二职业是炒股："我正在为离开这家工厂而奋斗，因为在这里工作太没前途了。我将全力炒股，三年内用5万元炒到300万元。"

25岁，炒股失意而情场得意，开始准备结婚："我希望一年后能有10万元，让我风风光光地结婚。"

26岁，不太风光的结婚典礼上："我想生一个胖小子，不久的将来当个车间主任就行，别的不想了。"

28岁，所在工厂效益下滑，偏偏正是妻子怀胎十月的时候："希望这次下岗名单里千万不要有我的名字。"

蚯蚓的职业生涯轨迹并不是少数人的情况，我们身边有许多人都重复着这样一个过程：

雄心壮志 → 怀才不遇 → 满腹牢骚 → 敲钟混日 → 担心下岗 → 走投无路

请你分析：蚯蚓为什么会有这样的心态历程？他在职业生涯发展的道路上到底犯了哪些错误？蚯蚓的职业生涯经历代表相当一部分人的状况，对此你有什么看法？

第二单元

# 职业生涯准备

凡事预则立，不预则废。

为成功作好准备，因为机会只钟情那些有准备的人。

成功人士起步时大部分都很普通，只是抓住了机会，才取得了成功。而他们能够抓住机会，就因为他们在知识、品德、能力、经验等各方面素质上作好了准备。

通过不懈的努力做一个时刻有准备的人，机会之神钟情于你，成功人生等着你。

**案例**

### 他被知名企业点名录用

有一批应届毕业生，实习时被老师带到某知名企业参观。全体同学坐在会议室里等待总经理的到来，这时有秘书给大家倒水。同学们表情木然地看着她忙，其中一个还问了句："有绿茶吗？天气太热了。"秘书回答说："对不起，刚刚用完了。"有一位名叫周晖的同学看着心里有点别扭，心里嘀咕：人家给你倒水还挑三拣四的。轮到他时，他轻声地说："谢谢，大热天的，辛苦你了。"秘书抬头看了他一眼，眼神里满含着惊奇，虽然这是很普通的客气话，却是她今天唯一听到的一句。

门开了，总经理走进来和大家打招呼。不知怎么回事，静悄悄的，没有一个人回应。周晖左右看了看，犹犹豫豫地鼓了几下掌，同学们这才稀稀落落地跟着拍手。总经理挥了挥手："欢迎同学们到这里来参观。平时这些事一般都是由办公室负责接待的，因为我和你们的老师是老同学，关系非常好，所以这次我亲自跟大家讲一些有关的情况。我看同学们好像都没带笔记本，这样吧，王秘书，请你去拿一些我们公司印的纪念手册，送给同学们作纪念。"接下来，更尴尬的事情发生了，大家都坐在那里，很随意地用一只手接过总经理用双手递过来的手册。总经理的脸色越来越难看，走到周晖面前时，周晖礼貌地站起来，身体微倾，双手接过手册，说了一声："谢谢您！"总经理不觉眼前一亮，伸手拍了拍周晖的肩膀："你叫什么名字？"周晖照实回答。总经理微笑地回到自己的座位上，早已汗颜的老师看到此景，微微松了一口气。

两个月后，在学校的推荐表上，周晖的去向栏中赫然写着该知名企业的名字。有几位颇感不满的同学找到老师："周晖的学习成绩最多也就算个中等，凭什么选他而没选我们？"老师看了看这几张尚稚嫩的脸，笑着说："是人家点名来要的，其实你们的机会是完全一样的，你们的成绩甚至比周晖还要好，但是除了学习以外，你们需要学习的东西太多了，修养是人生的第一课。"

从周晖的经历，你是否悟到了职业生涯发展需要的条件？

## 第一节　职业生涯发展条件

## 一、专业、职业与学业

现在中等职业学校按专业招收新生并进行培养，新生入学都清楚地知道自己所就读的是什么专业，但对自己所学专业的内涵与外延却不甚了解或感到困惑。因此，认识、了解自己所学的专业，并在此基础上激发专业学习的兴趣与热情、培养综合职业素质、提升就业竞争力，可以说是职业学校生活必须迈出的第一步。

### （一）专业与职业的关系

由于社会分工不同，人们从事着不同的工作，在不同的产业、行业领域中，有成千上万种不同的职业。专业是学业门类，它是从学科与技术的角度进行划分的。尽管专业和职业有很大的不同，但两者之间是密切相关的。

不管学什么专业，大体上可以知道将来要从事的职业领域。如学工科的可以在不同的产业或行业中当技工、技术员、技师等，学服务类的可以当服务员、营业员、售票员等。但是，专业与职业并不都是一一对应的关系，而是呈现出一对一、一对多、多对多等复杂的相关关系。一个具体的专业，它可以是社会上一个具体的职业，也可以对应一个职业群，甚至是几个相关的职业群。如机电专业，可以在制造业和建筑业等行业里当钳工、电工和机修工，也可以自己创业开电器维修店。职业群一般由基本操作技能相通，工作内容、社会作用以及从业者所应该具备的素质接近的若干个职位所构成。职业群横向划分，是相同的职业存在于不同的产业或行业之中，如人力资源专业所对应的职业群广泛分布于各个产业和行业之中。纵向划分，是同一职业存在于同一行业的若干个不同的岗位及其可能晋升的职务中。例如人力资源专业的职业发展路线为人力资源助理→人力资源专员→人力资源主管→人力资源经理→人力资源总监。

正由于专业与职业之间的密切关系，选择专业可谓人生中的大事。在这里，有两种观点需要纠正，一种是认为专业不重要，学校主要是培养综合素质，所以专业的选择对个人发展并无大的影响，只要综合素质强，随便什么专业都可以成功。不错，条条道路通罗马，成功的道路千万条，但须知其间必然有距离最短的一条。在许多情况下，从现实至理想的路线也并不是可以一步跨越的，需要考虑每一个步骤或阶段性目标如何实现。为了实现这个阶段性目标或步骤，当然就需要针对阶段性的职业目标而选择合适的学业（专业）。另一种观点是认为由于种种原因选择的就读专业不是自己的兴趣所在，所以职业生涯没有出路了。这种想法是把专业当成包袱，而且丧失了改变命运的信心。

那么，在职业生涯规划中，如何处理所学专业与个人职业选择之间的关系呢？下面这张表可以为你提供一些参考。

专业与职业的关系

| 专业与职业 | 特　点 | 如何处理二者关系 | 举　例 |
|---|---|---|---|
| 专业包容职业 | 职业与专业高度一致。个人的职业发展一直在所学的专业领域内，选择的职业与所学专业相吻合，能够做到学以致用 | 学精专业知识 | 学习模具专业的从事模具开发工作 |
| 以专业为核心，职业包容专业 | 专业与职业基本一致，但职业的发展要超越专业领域，需要根据自己的职业规划，在学好专业的基础上，通过选修、自学来提高职业素质 | 学好专业知识，选修与职业发展有关的专业 | 学习机械制造专业的从事机械加工方面的技术管理 |
| 专业与职业交叉、部分重合 | 两者部分一致，职业发展的核心与专业不一致。个人的职业发展在所学专业基础上有重点地沿某一方向拓展。选择的职业与所学专业虽然方向一致，但职业发展超出所学专业领域，需要根据自己的职业规划，在学好专业的基础上，通过选修、自学来提高职业素质 | 学好专业知识的同时选修所喜欢的专业 | 学习电子信息工程专业的从事电子产品的销售 |
| 两者完全不一致 | 职业与专业不一致，没有关联。即个人规划要从事的职业基本与所学专业无关 | 调整专业；保证本专业合格，同时辅修喜欢的专业，并将其学精 | 学习工科的从事文科的工作或学习文科的从事工科的工作 |

### （二）专业、学业与就业的关系

在中等职业学校的学习是一种职前教育，对职业生涯的发展具有重要的意义。

中等职业教育属于专业教育或专门教育，是培养某一领域专业人才的教育。职业教育的不同专业是为了适应一定的社会经济发展需要而形成的，是在一定的社会经济环境下发挥其功能的。我国职业教育是以就业为导向的，职业学校的专业设置、教学过程必须适应社会职业岗位的需要。因此，中职生的学业与职业、就业紧密相关。

学习乃学生的天职，专业学习应当贯穿中职生生活的主线。建议深入了解、学习已经选择的专业，根据自己的职业生涯发展规划和社会需要理性对待专业，喜欢自己选择的专业。在学好专业的同时，逐步拓展自己的视野，培养自己的能力，为未来顺利就业、成功立业夯实基础。

1. 正确认识学业与专业的关系。珍惜自己的学业，努力培养自己的专业兴趣，把自己的爱好和国家需要及社会发展的要求有机地统一起来，掌握专业知识、专业技能和相关能力，培养自己的专业素质。

2. 正确认识学业、职业与事业的关系。将自己现在的学业、将来的职业和未来的事业联系起来，在学习过程中，充分认识所学专业在国家建设和社会发展中的意义、作用和发展前景，立志献身于其中，在工作中充分实现自己的人生价值。

3. 正确认识学业与就业的关系。就业与学业存在着密切的关系，就业是学业的导向，学业决定了就业。以就业为导向，进行学业目标的调整、学习方式的改变、学习外延的拓展以及综合素质的提高。同时还应看到，就业也是衡量学业成就的重要标志。要想在学业结束时顺利就业，就必须具备从事某一职业所需要的知识、能力、态度等综合素质，所有这些都应在完成学业的过程中养成。

### （三）职业生涯从学业开始

机遇总是垂青有准备的人。对于在校中职生来说，只有明确自己的学业目标，增强自我约束力和自我管理能力，增强生活与学习的主动性，促使自己积极向上和自我完善，提高素质，才有可能以扎实的学业为就业开路，在将来激烈的竞争中把握住机会，获得成功。

学业是为就业所做的准备，这种准备应该包括知识、能力、素质等全方位的培养。因此要重点在以下三个方面努力。

1. 构建合理的知识结构。这一过程没有捷径可走，其基本途径只能是学习和积累，决非一劳永逸，必须持续不断地付出艰辛劳动。只有采取适合自己的学习方法，并且不断努力，才能建立和完善自己的知识结构，为顺利就业、成才打下良好的基础。

2. 锻炼较强的实践能力。知识并不能简单地与能力画等号，知识与能力是辩证的关系。在一定意义上说，能力比知识更重要。中职生应具备的基本能力包括表达能力、动手能力、适应能力、交际能力、管理能力、创造能力、决策能力等。培养实践能力的方法和途径主要有勤奋学习、积累知识、积极参与、勇于实践、启迪思维、发展兴趣等。

3. 提高综合素质。知识是素质形成和提高的基础，能力是素质的一种外在表现，没有相应的知识武装和能力展示，不可能内化和升华为更优良的心理品格。因此要把构建合理的知识结构、培养科学的思维方式、锻炼较强的实践能力和提高综合素质统一起来，这样才能在择业、从业过程中立于不败之地。综合素质主要包括思想道德素质、专业素质、文化素质、身心素质四个方面。四者相辅相成，不可分割，其中思想道德素质是综合素质的灵魂和根本，文化素质、专业素质和身心素质是基础。

# 二、职业资格与职业素质要求

### （一）职业资格

职业资格是对从事某一职业所必备的学识、技术和能力的基本要求。职业资格可以划分为从业资格和执业资格。从业资格是指劳动者达到的从事某种职业的最低要求，即起点标准。而执业资格则是指政府对某种责任较大、社会通用性较强、关系社会公众利益的职业和特点的职业实行"准入控制"的要求。例如注册会计师职业就实行了从业资格和执业资格两种标准。

职业资格证书是反映劳动者具备某种职业所需要的专门知识和技能的证明。职业资格证书与职业活动密切相关，是根据特定职业的实际工作内容、特点、标准和规范等规定的水平等级。职业资格证书反映了劳动者胜任职业活动的水平，是职业能力的具体体现。下面重点介绍职业资格证书的有关知识。

1. 职业资格证书的等级和用途。职业资格证书分为五个等级，即初级（国家职业资格五级）、中级（国家职业资格四级）、高级（国家职业资格三级）、技师（国家职业资格二级）、高级技师（国家职业资格一级）。职业资格证书由中华人民共和国劳动和社会保障部统一印制，劳动保障部门或国务院有关部门按规定办理和核发。

职业资格证书是劳动者求职、任职、开业的资格凭证，是用人单位招聘、录用劳动者的主要依据，也是境外就业、对外劳务合作人员办理技能水平公证的有效证件。

2. 部分中职专业相应的职业资格证书。

（1）计算机应用：全国计算机信息高新技术考试合格证书。

（2）市场营销：国家推销员（中级）职业资格证书。

（3）物业管理：国家物业管理员职业资格证书。

（4）文秘：国家秘书（中级）职业资格证书。

（5）烹饪与餐饮管理：国家中式烹调师（中级）职业资格证书。

（6）网络技术应用与服务：全国计算机信息高新技术考试合格证书。

（7）导游：国家导游员职业资格证书。

（8）饭店管理：国家公关员（中级）职业资格证书、餐厅服务员资格证书、客房服务员资格证书。

（9）装饰艺术：国家装饰美工（中级）职业资格证书。

（10）智能建筑控制技术：国家家用电器产品维修工（中级）职业资格证书。

（11）汽车应用技术：国家汽车修理工（中级）或汽车检测工（中级）职业资格证书。

（12）卫生专业系列职业资格证书：护理师、病案师、配膳师、医院收费师、卫生检验师、西药药剂师、中药药剂师、消毒师、防疫师、妇幼保健师、医用气体师、口腔修复师、反射疗法师、医院污水处理师、医学动物实验饲养师等职业资格证书。

随着社会经济的发展和人才市场需求的变化，以及国家职业资格证书制度的逐渐完善，上述各专业所需取得的职业资格证书可能有所调整。

3. 中职生获取职业资格证书的途径。目前，我国全国性的职业资格培训认证体系由三部分组成：一是通过人事部与相关部委及其所属机构组织的职称考试取得，如经济师、会计师等；二是由劳动和社会保障部及其所属的职业技能鉴定中心组织的职业技能鉴定取得，如推销员等；三是依靠社会中介组织开展相应的职业开发、职业培训和认证工作，以满足市场和企业的需要，如收银审核员等。

同学们在校期间的主要任务是学习专业知识，掌握专业技能。与此同时，尽可能地加强职业技能训练，并通过职业资格考核而获取职业资格证书。

（1）如何才能取得职业资格证书？个人可自主申请参加职业技能鉴定。申报职业技能鉴定，首先要根据所申报职业的资格条件，确定自己申报鉴定的等级。如果需要培训，要到经政府有关部门批准的培训机构参加培训。职业技能鉴定分为知识要求考试和操作技能考核两部分，经鉴定合格者，由劳动保障部门核发相应的职业资格证书。

（2）申报职业技能鉴定的相关要求。参加不同级别鉴定的人员，其申报条件不尽相同，考生要根据鉴定公告的要求，确定申报的级别。一般来讲，不同等级的申报条件如下：

参加初级鉴定的人员必须是学徒期满的在职职工或职业学校的毕业生。

参加中级鉴定的人员必须是取得初级技能证书并连续工作 5 年以上，或是经劳动行政部门审定的以中级技能为培养目标的技工学校以及其他学校的毕业生。

参加高级鉴定的人员必须是取得中级技能证书 5 年以上、连续从事本职业（工种）生产作业不少于 10 年或是经过正规的高级技工培训并取得结业证书的人员。

参加技师鉴定的人员必须是取得高级技能证书，具有丰富的生产实践经验和操作技能特长、能解决本工种关键操作技术和生产工艺难题，具有传授技艺能力和培养中级技能人员能力的人员。

参加高级技师鉴定的人员必须是任技师 3 年以上，具有高超精湛技艺和综合操作技能，能解决本工种专业高难度生产工艺问题，在技术改造、技术革新以及排除事故隐患等方面有显著成绩，而且具有培养高级工和组织带领技师进行技术革新和技术攻关能力的人员。

（3）如何报名参加申请职业技能鉴定。申请职业技能鉴定的人员，可向当地职业技能鉴定所（站）提出申请，填写职业技能鉴定申请表。报名时应出示本人身份证、培训毕（结）业证书、技术等级证书或工作单位劳资部门出具的工作年限证明等。申报技师、高级技师任职资格的人员，还须出具本人的技术成果和工作业绩证明，并提交本人的技术总结和论文资料等。

（4）职业技能鉴定的主要内容。国家实施职业技能鉴定的主要内容包括职业知识、操作技能和职业道德三个方面。这些内容是依据国家职业（技能）标准、职业技能鉴定规范（即考试大纲）和相应教材来确定的，并通过编制试卷来进行鉴定考核。

（5）职业技能鉴定方式。职业技能鉴定分为知识要求考试和操作技能考核两部分。知识要求考试一般采用笔试，技能要求考核一般采用现场操作加工典型工件、生产作业项目、模拟操作等方式进行。

### （二）职业素质

职业素质是劳动者对社会职业了解与适应能力的一种综合体现，其主要表现在职业兴趣、职业能力、职业个性及职业情况等方面。影响和制约职业素质的因素很多，主要包括受教育程度、实践经验、社会环境、工作经历以及自身的一些基本情况（如身体状况等）。一般来说，劳动者能否顺利就业并取得成就，在很大程度上取决于劳动者本人的职业素质，职业素质越高的人，获得成功的机会就越多。

1. 身体素质。指体质和健康（主要指生理）方面的素质。健康的身体素质：一是体格强健，发育正常，人体各个生理组织的功能健全，智力、感觉能力、语言能力、运动能力正常，五官、四肢和内脏等方面无障碍、残疾和缺陷；二是身体健康，对外界的各种刺激感应准确、敏锐、适应快、耐受能力强，在各种环境中都能积极有效地从事工作和学习，机体有较强的免疫力，不生病或少生病；三是动作协调，这主要是指人的动作协调准确，行动迅速有力，能克服较大的阻力；四是身体的耐力好，能从事长时间的肌体活动，灵敏度强，在日常生活中，能敏锐地发现问题，并能迅速果断地采取有力措施予以解决。一个人只有身体健康、精力充沛、乐观自信，才能以积极的态度面对生活和工作中的困难与挫折。可以说，健康的体魄对于人们抵御生活中的压力起着极为重要的作用。

2. 心理素质。指认知、感知、记忆、想象、情感、意志、态度、个性特征（兴趣、能力、气质、性格、习惯）等方面的素质。健全的心理素质包括健全的能力、健康的情感、坚强的意志。培养健康的心理素质，需要掌握一定的心理卫生知识，建立合理的生活秩序，保持健康的情绪，建立良好的人际关系，树立符合实际的奋斗目标。

3. 职业道德素质。包括职业道德认识、职业道德情感、职业道德意志、职业道德行为、职业道德修养、职业组织纪律观念方面的素质。

4. 专业素质。指专业知识、专业理论、专业技能、必要的组织管理能力等。在知识更新越来越快的时代，各种职业领域的新技术、新工艺、新方法层出不穷，为适应职业变化对人的高要求，就必须勤奋学习，努力提高专业素质。提高专业素质可从以下四方面入手。

（1）储备知识与技能。无论在学校还是已走上了工作岗位，都必须不断学习，不断进取，掌握更多的知识与技能，以赢得职业生涯的成功。在学校的学习中，要高标准、严要求，努力学好专业理论、职业技能和各门文化课。学业要扎实、技能要娴熟，才能在就业竞争中掌握主动权，具备竞争优势。要扩大知识面，积累知识，丰富才学。知识、技能丰富，可为职业转换打好基础。走上职业生涯之路后，还应继续学习，使自己成为专业精通、基础扎实、特长突出、知识结构合理的高素质人才。

（2）在职业实践中增长才干。对从事某一职业来说，既要掌握理论，又要有技术、技能，还要具备灵活运用各种科学方法的能力，这种综合职业能力的获得，必须投身于职业实践中。职业学校培养的是生产、技术、服务、管理第一线的应用型人才，更注重实际操作能力的提高。因此，要通过实验、实训和实习等实践教学，通过参加职业实践活动，来提高职业能力。切忌"在作业上修机器，在试卷里搞种养"。脱离职业实际的职业教育，是无法提高职业技能水平的。

（3）吸取他人长处。随着生产力的不断发展和生产、生活方式的更新，职业技术也在变化，新的方法、技巧会更多更好，因此仅靠自己摸索是不够的，还要向他人学习各种各样的知识、技术和方法。诚然，吸取他人长处要有重点，即充分考虑自己的才能和爱好加以选择，在理解的基础上吸取，重要的是要学会迁移，学会运用。一百多年前，奥地利医生奥恩布鲁格发明了叩诊，其发明的灵感是从其父亲的一个特长引发的。奥恩布鲁格的父亲是个酒商，只需用手一敲酒桶，就能知道桶内有多少酒。由此奥恩布鲁格联想到人的胸腔和酒桶相似，如果用手敲胸腔，不也能诊断出里面的毛病吗？经过反复实验，叩诊的方法诞生了。借助这一发明，奥恩布鲁格的医术水平得到了很大提高。

（4）持之以恒，不断进取。职业技术素质的养成与提高不是一朝一夕的事情，它需要我们日积月累、潜移默化才能见成效，缺乏信心与恒心和急功近利都是不可能奏效的。俗话说：学无止境。职业技术既有初级与高级之分，也有不断发展、变化之势。职校毕业生初涉职业领域，知识积累不够，经验欠缺，虽然掌握了一些职业知识和技能，但并不意味着职业技术素质很高，需要学习的东西仍然很多。即使毕业后走上工作岗位，也仅仅是踏入职业之门。因此，要树立远大的职业理想，认真学习专业理论，强化职业能力，掌握行业的前沿知识，不断进取，不断提高自己的职业技术素质。

5. 社会交往和适应素质。主要是语言表达能力、社交活动能力、社会适应能力等。社交适应是后天培养的个人能力，是职业素质的另一核心之一，侧面反映个人能力。社会交往是就业创业的重要基础，也是事业成功的重要保证和依据。每个人应与比自己优秀的人交往，这样才会学到更多知识及人际交往艺术，才会进步。社会交往和适应素质的培养应着眼于语言表达、社交、社会适应能力这三方面。

6. 学习和创新方面的素质。主要是学习能力、信息能力、创新意识、创新精神、创新能力、创业意识与创业能力等。学习和创新是个人价值的另一种形式，能体现个人的发展潜力以及对企业的价值。

提高学习能力的途径：接受教育，培养自觉学习的习惯，掌握科学的学习方法，培养自学能力，重视终身学习。21世纪是一个信息技术、生物技术、新材料新能源技术、空间技术和海洋开发技术发展的全新时代。这是迄今为止科技发展和社会发展史上规模最大、发展最快、影响最深的科技革命。人类知识总量在迅速翻番，与此相联系，知识更新不断加快，人们的学习时间就自然而然地延伸至人的一生。不学习，就要落后于人，就要遭社会淘汰。作为社会主体的人，要竞争，要学会做事、学会共同生活、学会生存，有效的办法就是学习。通过对现代科学技术知识的不断学习与掌握，才能不断提高文化素质，增强自身适应职业变化的能力，不断提升自己的生存价值。

## 三、正确认识职业生涯成功

什么是成功？怎样才能成才？在传统的思想中，成功在很大程度上是和做官联系在一起的。儒家思想认为，一个人的成功道路是诚意、正心、修身、齐家、治国、平天下。直到今天，一个人在政府部门中能任上个一官半职，也被人看成是成功人士。但随着社会的进步，人们的价值观发生了巨大的变化，有人认为从政可以实现自己的人生价值，有人认为从商创造财富也是得意人生，有人以著书立说以传后世作为自己的人生理想，有人则以周游世界作为自己最大的人生目标。应该说，价值观的多元化是社会进步的表现，世界本来就是丰富多彩的，为什么只能有一种选择？

2003年，上海出现了"首席工人"。这桩新鲜事与我国高级蓝领的奇缺和长期不受重视有关。"首席工人"意味着什么？在上海电力市区供电公司，"首席"不仅听上去让人肃然起敬，而且含金量高，被聘为"首席工人"的员工的岗位工资在原基础上增加两个岗级，同时在培训、使用等方面具有优先权，岗位首席制传递了一个明确的信号：成才的道路不止一条，高级蓝领——技术工人有了奔头。

原青岛港桥吊队队长、金牌工人许振超，是"文革"时期毕业的"老三届"。这个年龄层次的群体受教育少、年龄偏大，相当一部分人成为下岗再就业的"特困户"。但许振超不但没有下岗，反而成了世界一流的技术专家。虽然只有初中学历，但他立足平凡的工作岗位，通过孜孜以求的刻苦钻研，掌握了国际一流的桥吊技术，创造了一流的"振超效率"，他把追求的目标定位于对社会的奉献，不为文凭学历所累，不看重岗位高低，只追求在这个岗位上最大限度地发挥自己的才能，创造一流业绩。为了这个理想，他锲而不舍，发愤学习，勇攀高峰，从而成为专家型人才，在合资公司里再担重任，连外国合资方都佩服他。许振超踏着时代节拍前进的武器是学习。他说："一个人可以没有文凭，但不可以没有知识；可以不进大学殿堂，但不可以不学习。"许振超用他岗位成才的经历概括的成才观，也是对我们这个学习型社会如何看待成才的最好注解。曾经有一些人对成才有种误解，喜欢把成才与文凭、学历画等号。考上大学拿到文凭，就自认为成才了，有些人为了得到社会承认，把获取高学历、高文凭作为最终的追求，工作上能干出多大业绩则放在其次，这不是当今学习型社会的成才观。

无数事实证明：成才之路就在每个人的脚下，只要立足岗位，锐意进取，不断学习，不断创新，任何岗位都能成就栋梁之才。

## 第二节　认识自我，规划人生

"认识你自己"，这句三千年前就已镌刻在古希腊德尔斐神庙上的箴言警示着现代我们每一个人。启蒙思想家卢梭说过："我敢说，德尔斐城神庙里唯一碑铭上的那句箴言的意义比伦理学家们的一切巨著都更为重要、更为深奥。"

世界头号投资大师巴菲特小时候是一个内向而敏感的孩子，无论是读书的成绩还是在生活中的表现，巴菲特都与一般孩子大致相同，有些方面的能力还不如一般孩子。许多人都嘲笑巴菲特行动、思维迟钝，但巴菲特却将这一弱点转化为自己最大的优点——耐心。同时，他还发现自己对数字有天生的敏感，并对其充满了兴趣。在27岁之前，巴菲特尝试过无数的工作，做销售、担任法律顾问、管理一家小工厂，但最终他结合自己的优点——耐心、对数字敏感，将自己的职业发展转向成为一名投资家。在明确的职业规划引导下，巴菲特拒绝了许多外来的诱惑，战胜种种压力，坚定不移地按照自己的职业发展道路前进，最终成就一番惊人的事业。

认识自我，对自己作出全面的分析，主要包括对个人的需求、能力、兴趣、性格、气质与职业价值观的分析，这是择业意识从"我想干什么"的幻想型转变为"我能干什么"的现实型的过程。

## 一、兴趣、性格与能力的分析

### （一）兴趣

在选择职业时，首先要了解自己的兴趣。比如，有的人喜欢操作，凭着灵巧的双手在技能操作领域得心应手，如果你硬要让他把兴趣转移到理论研究上来，他就会感到无用武之地。这种兴趣上的差异就构成了职业选择的重要依据。兴趣是最好的老师，兴趣可使人的智力潜能得到充分发挥。当一个人对某种事物产生兴趣时，就能调动整个人的积极性，增强克服困难的意志，反之则不会取得好效果。

例如：爱迪生在学校里曾被讥为"傻瓜""低能儿"而被勒令退学，但在发明的王国里却显示了才华；达尔文在课堂上智力平平，而在大自然的怀抱里却显得异常聪明、敏锐，成为进化论的创始人、伟大的生物学家。

### （二）性格

性格影响人的行为，当然也包括人的职业行为。所以作为一定个性的载体，我们要想在职业生涯中充分地展现自己的个性特点，实现自己的个性要求，获得尽可能大的自由感、满意感和适应感，在择业之前，就应了解自己所属的性格类型及其职业适应性。

职业性格是指劳动者个人比较稳定地表现所特有的个性品质。

职业性格评价是根据择业者的性格特点来选择其所适应的职业类型。性格是一个人在个体生活过程中所形成的，是对现实较为稳定的态度以及相应的行为方式。职业心理学研究表明，性格影响着一个人对职业的适应性，一定的性格适合从事一定的职业，同时不同的职业对人有不同的要求。因此，在选择职业时，不仅要考虑自己的职业兴趣与职业能力，还要考虑自己的职业性格特点，考虑职业对人的要求，从而根据自己的性格特点选择最适合的职业，或者改变自己的性格特点来适应职业的要求。

### （三）能力

能力是一个人顺利完成某种活动所必须具备的心理特征。

人类的能力是多元化的，既有注意力、观察力、记忆力、思维能力和想象力等一般能力，也有计算能力、音乐能力、动作协调能力、语言表达能力、空间判断能力等特殊能力。

人类个体能力是有差异的。每个人都具有一个多元能力系统，在这个系统中，各方面能力的发展是不平衡的，常常是某方面的能力占优势，而另一些能力则不太突出。

能力是一个人完成任务的前提条件，是影响工作效果的基本因素。人在其一生之中要面临各种各样的社会生产活动，要达到职业成功的最高境界，很大一部分有赖于充分发挥优势能力的作用。人们从事某种职业活动都是具体的，人的职业能力倾向主要是指人的特殊能力，它是从业人员为胜任特定职业要求而必备的能力。

研究表明，职业可以根据工作的性质、内容和环境而划分为不同的类型，并且对人的能力也有不同的要求，如从事教育工作需要有阅读能力和表达能力，从事数学研究需要具有计算能力、空间想象能力和逻辑思维能力等。另一方面，对一种职业或职业类型来说，由于所承担的责任不同，又可分为不同层次，不同的层次对人的能力也有不同的要求。因此在根据能力类型确定了职业类型后，还应根据自己所达到或可能达到的能力水平确定相吻合的职业层次。只有这样才能使能力与职业的吻合具体化。

例如，著名数学家陈景润是位天才的数学家，成功证明了哥德巴赫猜想，但由于他胆子小，不善于语言表达，不适合当教师。所以虽然他才华横溢，却不具备出色的教学能力。

因此，了解自己的能力倾向及不同职业的能力要求，充分考虑最佳能力，选择最能运用优势能力的职业，对职业选择具有重要意义。

# 二、兴趣、性格与能力的培养

## （一）兴趣的培养

兴趣培养对于在校的中职生来说是很重要的，中职生面临就业，面临独立。培养自己某一方面的兴趣有利于自身的发展。

1. 积极期望。积极期望就是从改善学习者自身的心理状态入手，对自己不喜欢的学科充满信心，相信该学科是非常有趣的，自己一定会对这门学科产生信心。想象中的兴趣会推动我们认真学习该学科，从而对该学科真正感兴趣。

2. 从可以达到的小目标开始。在学习之初，确定小的学习目标。学习目标不可定得太高，应是从努力便可达到的目标开始。不断的进步会提高学习的信心。不要期望在短期内将成绩提高很多，有的同学往往努力学习一两周，结果发现成绩提高不大，就失去信心，从而厌恶学习。持之以恒地努力，一个一个小目标地实现，是实现大目标的开始。

3. 了解学习目的，间接建立兴趣。学习目的是指某学科的学习结果是什么，为什么要学习该学科。当对该学科的学习没有太大的兴趣时，对最终目标的了解就显得很重要。学习过程多半要经过长期艰苦的努力，这种艰苦往往让人望而却步，但学习又是学生的天职，不能不学，所以要认真了解每门学科的学习目的。如果我们对学习的个人意义及社会意义有较深刻的理解，就会认真学习各门功课，从而对各科的学习产生浓厚的兴趣。

4. 培养自我成功感，从而树立直接的学习兴趣。在学习的过程中每取得一个小的成功，就进行自我奖励，达到什么目标，就给自己什么样的奖励。有小进步、实现小目标则小奖励，如让自己去玩一次自己想玩的东西；有中进步、实现中目标则中奖励，如买一种自己喜欢的书画或乐器等；有大进步、实现大目标则大奖励，如周末旅游等。这样通过渐次奖励来巩固自己的行为的学习，有助于产生自我成功感，不知不觉就会建立起直接兴趣。

5. 把原有的其他兴趣转移到学习上来，以培养新的学习兴趣。每个人在少儿时期都有自己特别感兴趣的事，如爱玩汽车、爱搭积木等。逐渐长大后，就应当去发现、去了解与自身爱好相关的知识，如怎样当个好驾驶员？汽车是如何发动的？汽车的构造原理是什么？我所学的知识中哪些和它们有关？这样就把对学习的兴趣在原有的基础上发展起来。爱因斯坦中学时只对物理感兴趣，不喜欢数学，后来他在向纵深研究物理时发现数学是其基础，便又对数学产生了兴趣。又如你对语文基础知识的学习不感兴趣，而对写作非常感兴趣，那么你可以通过写作练习，体会语文基础知识对写作的重要意义，从而激发对语文基础知识学习的积极性。

6. 在解决实际问题的过程中，建立稳定的兴趣。用学得的知识来解决实际问题，一是能巩固知识，二是能修正知识，三是能带来自我成功的喜悦情绪。这种喜悦情绪是正式建立稳定持久的兴趣所必需的。

7. 保持兴趣的最容易的方法是不断地提问题。当你为回答或解答一个问题而去学习时，你的学习就带有目的性，就有了兴趣。

8. 想象学习成功后的情景，激发学习兴趣。当我们满腔热情地去做任何一件事前，一般都对它的结果有了预期的想象，从而坚持去做这件事情。厨师想象自己做出来的佳肴是什么味道，继而用心烹调；作曲家想象出自己作出的曲子会产生什么样的声音，从而激发出他的创作热情；你可以想象取得优秀的考试成绩、顺利进入职场，为家庭为社会作出贡献，为个人创造美好的未来，也可以想象考试成绩优秀，得到老师、家长的赞扬，得到同学们的羡慕等，从而激发学习兴趣。想象会助你成功！

假如你能坚持用以上这八种小方法激发自己对某门学科的兴趣，相信你在不久的将来会对自己不感兴趣的学科感兴趣，进而在学习中寻找乐趣，学以致用。

### （二）性格的养成

性格的养成不能闭门造车，而是要面向丰富的现实生活。养成性格的途径主要有以下三种。

1. 刻苦学习，丰富知识。培根的《读书论》中有这样的一段话："读史使人明智，读诗使人灵秀，数学使人周密，科学使人深刻，伦理学使人庄重，逻辑修辞之学使人善辩，凡有所学，皆成性格。"人的知识愈广，人的本身就愈完善。刻苦学习、增长才学的过程也是人格化的过程。生活中我们常见学习懒散、马虎的同学多具有性格不良的发展倾向，而真正学习好的学生多具有良好的性格品质。现实生活中，许多中职生的性格缺陷源于知识的贫乏，如狭隘、自卑、固执、粗鲁等。

2. 面向社会，勇于实践。社会是个大舞台，每个人都要到社会中锻炼才能把握自己的角色，形成自己独特的性格。

中职生社会实践的内容丰富，形式多样，通常有义务劳动、勤工助学等。积极参加义务劳动，能培养关心社会、责任感强、勤奋、耐心细致、奉献等优良性格品质，使我们对国家、集体、劳动有科学的认识和态度。勤工助学是目前中职生最普遍的社会实践行为，反映了商品经济观念的盛行和中职生自立、自强的倾向。实践证明，积极参加勤工俭学的中职生多具有头脑灵活、思路开阔、独立性强、富有创造性、善于交往、自信、果断、讲效率等良好的性格特征，这些学生知识面广，社会经验丰富，毕业后大多能很快适应新的工作环境。

3. 树立榜样，培养良好习惯。性格的重要内容是行为方式。良好的性格必然要求有良好的行为方式，而这往往表现为良好的习惯。不良性格特征大多表现为许多不良习惯，例如鲁莽的人的行为大多急躁、冲动、冒失；而自信的人大多行为稳健、从容。

因此，培养良好性格的一个重要途径是培养良好的习惯，而良好习惯的形成有助于改变性格的内在品质和结构。

要培养良好的习惯，就要确定合理的目标模式，这样才会有参考和依据。确定目标模式，一方面要靠提高自身的认识水平，自己制定科学、合理的目标；另一方面可依据现实生活中有良好性格的人所具有的特点，取其精华作为自己的目标。要从每一件眼前的事做起，"不积小流，无以成大海"；要有锲而不舍、滴水穿石的恒心、毅力和耐心。只有经过长期艰苦地锻炼和考验，才能实现自己确定的完善性格的目标。

### （三）能力的培养

中职生应该有意识地培养良好的职业能力，为将来就业储备核心竞争力。归纳起来，中职生应该注意以下能力的培养。

1. 专业能力。学习既是未来事业的准备，又是未来事业的开端。职业教育培养的是面向生产、建设、服务第一线的技能型人才。中职生要想在未来的事业中有所建树，把爱国之心、报国之志化为行动，就要在整个学习阶段勤奋学习、刻苦钻研，不断提高专业知识和技能水平，培养科学认识问题、分析问题和解决问题的能力，全面提高自身素质。

要构建合理的知识智能结构，需要广博与精深相结合，理论与实践相结合，静态与动态相结合，个人爱好与社会需要相结合。不但要对自己所从事的专业知识和技术的掌握有一定的深度和广度，而且要在表达能力、逻辑思维、创新能力上下工夫，要在教师的指导下，广泛涉猎其他学科或某些边缘学科的知识，努力把自己培养成为复合型人才，适应社会主义现代化建设的需要。

2. 通用能力。要加强通用能力的训练，特别是语言技能、信息技能和交际技能的培养。

（1）语言技能。随着我国市场的对外开放不断扩大，需要大量通晓多种语言、具有多种文化背景的复合型人才。从素质要求看，首先需要能与不同文化背景者沟通融洽、外语娴熟、办事效率高以及通晓专业领域中的国际惯例，其次能参与国际经济文化交流。为了将来的交流与合作，中职生不仅要掌握汉语，还必须熟练掌握一门外语，具有较强的听、说、读、写和准确简洁、流畅得体的双语口头表达能力，具备查阅先进国家的外文科技资料的能力。只有这样，才能在未来的职业世界里纵横驰骋。

（2）信息技能。世界经济一体化进程要求懂专业、熟悉国际惯例、能利用网络进行全球交流沟通，从而提高获取信息以及处理信息的能力的人。信息化使社会的发展更加迅速并使竞争日趋激烈，因此中职生应该掌握网络技术语言与操作技术，不断提高计算机的应用能力。

（3）交际技能。当前，社会要求中职生具有较全面的能力。因此，中职生既要重视组织管理能力、文字和语言表达能力的培养，也要善于调查研究，善于与人交往和合作，建立良好的人际关系。

3. 综合能力。中职生要全面发展，除知识、技能的学习外，还应根据个人爱好、自身特点，有针对性地参加各种内容丰富、形式多样的政治、学术、科技、文体、社团和社会实践活动；从图书馆、大众传播媒介和对社会的广泛接触中获取大量信息，汲取知识，增进对社会的了解，增添生活乐趣，培养和锻炼自己的实际工作能力和社会适应能力，全面提高自身综合素质，培养适应时代发展的基本能力。

（1）思维能力。思维是人脑对客观事物间接的、概括的认识。思维能力是人的能力结构的核心，是各种能力中最重要的一种能力。一个人的思维能力取决于他的智力水平，但在更大程度上取决于他的思维方式。思维方式正确与否决定一个人事业的成败。因此，中职生应当重视培养科学的思维方式。

一是加强哲学的学习。哲学为人们提供方法，启迪智慧。马克思主义哲学作为科学的世界观和方法论，揭示了自然界、人类社会发展的一般规律，是人们认识世界、改造世界的思想武器，同时也揭示了思维发展的一般规律。因此，中职生提高马克思主义的哲学素养，对提高自己的理性思维能力、培养科学的思维方式是至关重要的。

二是积累丰富的知识。丰富的理论知识是科学思维方式的基础。一个人掌握的知识越多、越丰富，他的思路就会越广、越深，思维的结果就越完整、越准确。因此，中职生要刻苦学习，充分利用人类积累的知识来充实自己的头脑，奠定扎实雄厚的知识基础。

三是独立思考问题。独立思考是指让每一个问题从头到尾、从理论到实践都经过自己的头脑，关键是"独立"两个字。要"专于学而勤于思"，要善于思考，善于总结，善于推导，善于论证。

四是不断调整自己的思维方式。善于随时整理自己的思路，总结思维方法上的经验教训，是培养科学思维方式的一个重要方面。通过对处理事务方式方法的不断梳理，可以大大提高自己的思维能力，逐渐培养科学的思维方式。

五是加强自身的艺术修养。我们知道，哲学使人思辨，逻辑使人严密，数学使人聪慧，体育使人健康、果敢，而艺术不仅可以培养人的气质，而且使人的思维更加丰富多彩。美国曾对100多名诺贝尔奖获得者进行过调查，发现99%以上的人是音乐或美术爱好者。我国科学家钱学森说："从思维科学角度看，科学工作总是从一个猜想开始的，然后是科学的论证。换言之，科学工作是源于形象思维，终于逻辑思维，形象思维源于艺术，所以科学工作是先艺术后科学。"

（2）知识更新能力。现代社会，科学技术飞速发展，知识更新加快，知识和能力成为一个变数，终身学习成为现代职业的必然要求。人才的基础是要善于学习，要树立终身学习的思想观念，不断更新知识结构，有针对性地"充电"，以适应瞬息万变的形势，跟上时代发展的潮流。

（3）获取和使用信息的能力。有人说，知识经济的标志是信息化。知识经济是指建立在知识和信息的生产、分配和应用（消费）之上的经济。而信息的含义有多种说法：其一，信息是经过传递为人们所理解并能解决实际问题或达到某一目的的有用的新报道、新知识；其二，信息是物质存在的一种形式，它是以物质的属性和运动状态为内容，并且总是借助于一定的物质载体来传输和贮存的等。

在未来的世界里，无论在哪个领域内，谁获得和使用的信息多，谁就可能是赢家。然而，获取的信息必须是对自己有用的。据有关资料显示：科学知识的年平均增长率在 20 世纪 60 年代为 9.5%，在 70 年代为 10.5%，在 80 年代为 12.5%；其知识的总量，20 世纪 90 年代比 60 年代增长了 6 倍。科技知识的倍增时间由 20 世纪 70 年代的 8 年缩短为 80 年代的 6 年。科技知识应用于生产的周期由 19 世纪的 50 年缩短为如今的 10 年。在知识信息激增及知识老化周期缩短的背景下，不加以选择、无视自身需要，不能把纷繁复杂的各种学科的知识通过消化、吸收形成自身的能力是难以想象的。古人用汗牛充栋来形容藏书很多，用学富五车来形容读书多、学问大。如今，汗牛充栋或五车之多的书籍所载的信息充其量也用不了一张光盘。中职生要把有选择地获取和使用信息作为一项重要的能力，这样才能在今后的职业生涯中迅速了解国内外的职业信息，不断充实自己，提升自己的职业能力。

（4）应变适应能力。新时代的中职生要思路开阔，观念开放，要培养良好的社会交往能力，锻炼自如应对变幻莫测的社会环境和自然环境的能力，与时俱进，求得生存。只有这样，才能提高工作效率，生活愉快，事业成功。

（5）与他人合作的能力。现今社会是开放社会，每个社会成员都要与他人交往，与他人共处。每个人只有融入社会的大环境中，才能使自己逐步完善起来。联合国教科文组织在一份题为《教育，财富蕴藏其中》的报告中认为，有四种学习是每个人一生中的知识支柱，这四种学习即学会认知、学会做事、学会共同生活、学会生存。其中的学会共同生活即指能与他人一道参加活动，并且在活动中增进对他人的了解和对相互依存问题的认识，这样才能与他人携手并进。可见，与他人合作的能力是成就事业、铸造完美人生必不可少的部分。

（6）创新能力。创新是一个民族进步的灵魂，是国家兴旺发达的不竭动力。中职毕业生要承担社会、企业技术转化和应用的重要职责，只有具备了创新意识和能力，才能更好地在岗位上建功立业，为国家和民族的兴旺发达作出更大的贡献。

（7）决策能力。决策能力就是对未来行为目标的决断和选择的能力。人的一生往往会碰到各种需要自己当机立断、痛下决心来决断的事情。对于即将毕业的中职生来说，面对求职择业，何去何从，最终要靠自己拿主意。在未来的工作中，各种问题及变化进展都需要自己迅速作出反应，及时处理。因此，训练和培养自己的决策能力是十分重要的。

# 三、职业价值取向分析与调整

## （一）职业价值观

价值观是一个人对客观事物（包括人、物、事）的意义、重要性的总评价和总看法。职业价值观指人生目标和人生态度在职业选择方面的具体表现，也就是一个人对职业的认识和态度以及对职业目标的追求和向往。

据调查，中职毕业生在就业中最为重视的是事业发展，这与中职生的就业心态和对成功信念的追求是相吻合的，同时在个人兴趣和薪酬待遇方面也有一定的侧重，体现出了学生的个性化发展和对生活的现实态度；但是选择"奉献社会"的比例却相对偏低，只有3.7％的学生选择了奉献社会，不难看出市场经济的发展对中职生就业价值取向的负面影响。

职业价值取向是人们在一定历史条件下，在职业生涯中对职业价值追求、定位、评价和选择的一种倾向性态度。通常，人们在职业选择和职业生活中，会在众多的价值取向里优先考虑以下的某一种或几种价值。

1. 利他主义：总是为他人着想，把直接为大众的幸福和利益尽一份力作为自己的追求。

2. 审美主义：能不断地追求美的东西，得到美的享受。

3. 智力刺激：不断进行智力开发，动脑思考，学习和探索新事物，解决新问题。

4. 成就动机：不断创新、不断取得成就、不断得到领导和同事的赞扬或不断实现自己想要做的事。

5. 独立：能够充分发挥自己的独立性和主动性，按自己的方式、想法去做事，不受他人干扰。

6. 地位：所从事的工作在人们的心目中有较高的社会地位，从而使自己得到他人的重视与尊敬。

7. 控制：获得对他人或某事的管理权，能指挥和调遣一定范围内的人或事物。

8. 报酬：获得优厚的报酬，使自己有足够的财力去获得自己想要的东西，使生活过得较为富足。

9. 交往：能和各种人交往，建立比较广泛的社会联系和关系，甚至能和知名人物结识。

10. 稳定：希望不管自己的能力怎样，在工作中要有一个平静的心态，不会因为奖金、加薪、调动工作或领导训斥等而经常提心吊胆、心烦意乱。

11. 轻松舒适：希望将工作作为一种消遣、休息或享受的形式，追求比较舒适、轻松、自由、优越的工作条件和环境。

12. 人际关系：希望一起工作的大多数同事和领导人品均较好，相处时感到愉快、自然，认为这就是很有价值的事，是一种极大的满足。

13. 追求新意：希望工作的内容经常变换，使工作和生活丰富多彩，不单调枯燥。

### （二）树立正确的职业价值取向

正确的职业价值取向主要表现在为社会作贡献及实现个人人生价值两个方面。社会上的每一种职业都是为社会作贡献的整体事业的一部分。不同的职业岗位，确实存在着社会声誉、经济报酬、福利待遇、劳动条件、发展机会等种种差异。因为人们生活环境、思想水平、兴趣、性格、能力等诸多方面的不同，所以在择业时往往表现出不同的职业价值观念。但是，正确的择业观念应首先建立在为社会尽职尽责，实现真正的人生价值上。"职业无高低贵贱之分""三百六十行，行行出状元"，任何职业都不会埋没人才，不会束缚人的创造力，关键在于如何对待自己的职业，在平凡的岗位上做出不平凡的业绩。

有些人的职业动机明显受到社会上种种不良价值取向的影响，过于重视自身利益，这对职业生涯发展是非常有害的。学会对职业价值取向进行调整，就是要树立正确的职业待遇观、客观的职业地位观和先进的职业苦乐观，不能只要物质待遇而不要精神待遇。在职业选择上应正确处理个人地位、待遇与乐于奉献的关系，正确认识和看待权力、工资、晋升机会、发展前景、工作条件等，把择业和从业的过程看成是一个进取、创业、开拓的过程，看成是一个适应社会发展要求、掌握自己的命运、实现人生价值的过程。

# 四、个人学习习惯分析与改善

学业是中职生职业生涯的准备，学习是学生的天职。除了外界（如师资、资源等）因素，学习效果的好与差，很大程度上取决于我们是否有良好的学习习惯。

### （一）个人学习习惯分析

学习习惯是在学习过程中经过反复练习形成并发展，成为一种个体需要的自动化学习行为方式。

在一般情况下，人们都是从实践和经验中学习的。人类就是在不断地学习中发展进化、繁衍生息的。当然，实践并不是学习的全部，伴随实践的智力活动也是同等重要的，下面给出的学习周期示意图（图2-1）说明了学习所要经过的阶段。

1. 从获得经验开始学习。首先，你可能会发现自己正在实践一些从未做过的事情（如写报告），然后对刚做过的（或者正在做的）事情进行反思；其次，分析对这件事情的看法、它的难易程度、它是否能利用以前的经验等；最后，将经验应用于相同或

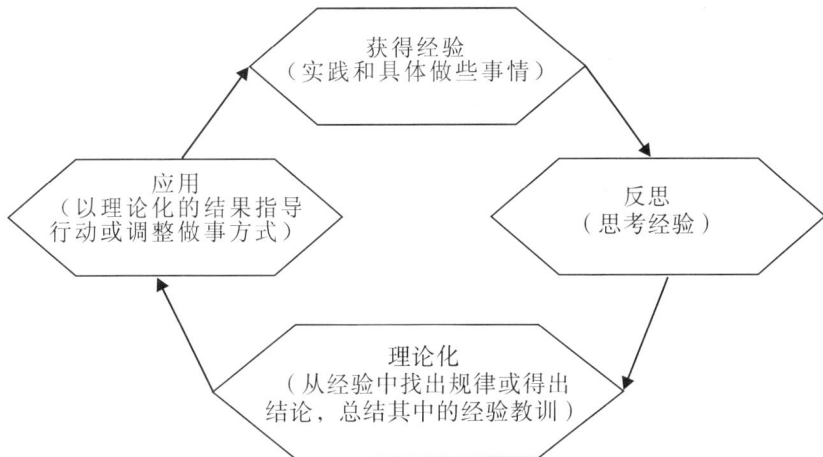

图 2-1　学习周期示意图（据科勃）

类似的事情中。

2. 从反思阶段开始学习。首先要总结从经验中获得的知识，并对这些经验进行研究；其次将所有信息汇总，从中得出结论；最后，决定应该怎样应用自己的知识进行实践。

3. 从理论化阶段开始学习。首先从书本或课程中得到相关知识，然后决定怎样应用理论进行实践，最后对实践过程作出反思。

4. 从应用阶段开始学习。首先从实际出发考虑应该怎么做，然后对实践进行总结和反思，最后进行理论化思考并得出结论。

不同的人可能选择从不同的阶段开始学习，实际上从哪个阶段开始都可以，只要对学习周期的所有阶段同样重视，都可以获得好的学习效果。

### （二）培养良好的学习习惯

良好的学习习惯有利于激发学习的积极性和主动性，有利于形成良好的学习方法，提高学习效率，有利于培养自主学习能力，有利于培养创新精神和创造能力，使我们终身受益。良好的学习习惯包括主动学习、及时完成规定的学习任务、各科全面发展、不偏科、主动预习、认真听课、上课积极回答问题、多思、善问、大胆质疑、上课记笔记、课后复习、及时完成作业、阶段复习、自觉培养创造性思维能力。

## 第三节　把握职业生涯发展的机遇

随着社会生产力的进步和社会分工的高速发展，职场需要也发生着迅速的变化。

中职生要学以致用，要随时关注职场发展，调整职业方向，弄清职场供求变化规律（即分工越来越细、工作内容不断弃旧更新、职业结构大调整、新型职业不断增加、高素质复合型人才越来越受欢迎等），补充达到目标所需的措施，修订职业生涯发展规划，紧随时代，紧随市场，才会以自己的聪明才智和良好的职业素质为自己今后的职业生涯开拓出宽广而又通畅的发展道路，将职业和发展机遇牢牢掌握在自己手中。

# 一、分析家庭因素

家庭是人们生活的重要场所，是影响职业的重要因素之一。人幼年时期受家庭的影响会形成一定的价值观和行为模式，从根本上影响其以后的职业生涯。子承父业是家庭多方面影响的反映。

职业生涯成功与家庭生活也有着非常密切的关系。个人与家庭发展遵循着并行发展的逻辑关系，职业生涯的每个阶段都与家庭因素息息相关，或协调，或冲突。职业生涯与家庭的责任之间的平衡，对于年轻人特别是年轻女性尤为重要。每个人在社会生命周期中都扮演着多种社会角色，"但我们作为子女、父母的角色是不可逆的。我们能放弃一项职业，却不能放弃这些角色。相反，我们要设法完成这些角色"。因此，家庭成员的意见对个人的职业发展有重大影响。

同时，家庭背景或多或少地影响着个人的择业。如果家庭条件优越，社会关系多，你就有更多的机会去挑选适合个人发展的职业。

# 二、关注行业发展动向

伴随世界经济的发展，产业结构、行业结构和技术结构都发生了深刻的变化，行业的兴衰导致职业的存亡，而技术结构的变化又直接影响着职业结构的构成。

## （一）影响行业发展的因素

1. 行业在社会经济中的地位。可以通过行业的产值、利税额及吸收劳动力的数量在市场中所占的比重，行业的现状和未来对整个社会经济及其他行业发展的影响程度，行业在国际市场上的竞争、创汇能力，来判断行业在社会经济中的地位。

2. 行业特性。行业特性是各行业由于其使命、发展条件以及产品和生产过程方面的不同而使各行业具有的不同性质。行业特性分析有助于把握行业的特点，了解行业环境。

3. 行业规模结构。一类是悬殊型，即一个行业内大企业处于领导地位，小企业和大企业在规模和实力上相差很大，行业内竞争不甚激烈；第二类是均衡型，即行业内各企业之间势均力敌，竞争十分激烈。在进行行业规模结构分析的时候，一定要分析行业内几家大企业的经营状况，因为它们的行动会对行业的发展及营利水平起主导作用，分析它们的经营思想、经营战略、产品特色、技术水平、竞争能力、市场占有率及其优、劣势等因素，对行业的环境分析具有十分重要的意义。

4. 行业数量结构。一般来讲，市场规模大，企业数量就多，行业内集中程度低，大企业就少。反之，市场规模小，企业数量就少，行业集中程度高，大企业就多。

5. 行业组织结构。应对行业内企业联合的状况进行分析，对联合与竞争的趋势进行估计和预测。

6. 行业市场结构。从行业市场的需求分布状态、行业产品需求变动的频繁性、行业供求关系等方面进行分析。从行业供求关系来看，可以分为三类，即供不应求、供求平衡和供大于求。若供大于求，则企业间的竞争激烈，可能导致价格下跌和高额的销售费用支出，有的企业可能会发生亏损；若供不应求，则各企业产品都可以找到合适的市场，价格相对稳定，新企业会大量涌入本行业。

7. 行业社会环境方面的限制。在行业发展过程中，应当防止对空气、森林、水源、地貌等自然环境的污染，这些因素将会对行业的发展起限制作用。

以上七个因素是相互联系的，每个方面的变化都会引起其他方面的变化，因此在分析行业发展变化时，必须注意抓好关键信息，及时、恰当地作出反应。

### （二）行业发展预测方法

1. 行业协会年度、季度分析报告。主要包括国家产业政策及其发展思路、全社会消费习惯变化等。

2. 行业发展状况与国民经济发展状况。主要是发展水平或增长速度比较。我国是一个发展中国家，70%左右的人口生活在农村。长期以来，由于偏重生产建设、轻视服务，致使我国劳动者主要分布在工农业领域。自改革开放后，我国的产业结构发生了变化，服务业劳动者的比重上升。从一定意义上讲，服务业的发展规模是衡量一个国家经济发展水平的标志之一。在发达国家，服务业的比重相对很高，甚至占整个产业结构的1/2以上。我国近年来服务业发展很快，这一领域的就业机会也在不断扩大，特别是随着某些新兴行业的崛起，如广告服务业、咨询服务业、信息服务业等，服务业越来越多地为人们提供更加广阔的职业天地。

3. 行业素质。包括劳动者素质、技术水平、吸引资金量占全社会资金量比例。随着科学技术的进步，产业结构不断变化，导致劳动力就业结构、人力资源素质结构等也相应发生变动，这些变动也会在劳动力市场上通过对劳动力的需求变化表现出来。一般来说，对劳动者素质和技术水平要求越高，该行业的发展潜力就越大。

4. 行业进入壁垒及行业内部竞争状况。实践表明，在技术含量高的行业，随着行业的成熟，进入壁垒有提高趋势，内部竞争将由恶性竞争向有序竞争转化，竞争质量与效能不断提高。我国彩电行业近十年来的发展历程就是最好的例证。

5. 本地市场国际化的冲击。进出口贸易的顺逆差，会或多或少地影响国内各行业的正常发展，市场国际化引发的冲击不容忽视。

# 三、关注区域经济发展动向

在全球化的背景下，随着社会交流的频繁，经济合作的深入，在资源、区位、产业等方面的互补性日益加强，逐渐形成了各具鲜明特性和明显优势的区域经济。这种区域经济不再按传统意义上的行政边界或国土疆界来划分，它是超越这些界限之外的一种制度空间的同质化的结晶。例如，长江三角洲经济区、中国—东盟自由贸易区。

如今，包括各类服装产业集群、电器产业集群、IT 产业集群等具有鲜明区域特点的产业集群在各地蓬勃发展，逐渐形成了区域优势，对当地乃至全球经济社会发展产生了巨大的影响。

## （一）影响区域经济的因素

我国地域辽阔，各地经济发展的程度相差很大，各地的特征与优势更是千差万别，但都离不开经济地理、产业结构、历史文化背景和现实等因素的影响。

从经济、地理角度看，我国区域经济发展仍存在不平衡格局。目前我国西北部很多地区的生态环境十分脆弱，不适合人类密集居住，经济发展受到很大的限制；东南沿海地区生态环境适宜人类居住，经济发展迅速，特别是中国加入 WTO 以后，沿海地区的区位优势得到了更充分的发挥，东部地区经济越来越深刻地进入了国际大循环，而与中西部地区之间经济发展差距也在拉大。即使是东南部，不同区域间的地理环境也带来了差别很大的现代发展机遇。在东部沿海地区，目前已经出现了一些跨行政区的、具有很多增长极的城市带（圈），珠江三角洲地区的龙头是香港，周边有深圳、广州、佛山、南海、东莞等增长极；长江三角洲地区的龙头是上海，周边有宁波、杭州、苏州、无锡、常州等增长极。这些地区在外向型经济带动下，出现了一批以市场为纽带、上下游一体化、技术联系紧密的城市产业群体，吸收了大量的国内外资金以及各种水平的外来劳动力，产品销售网络和原材料、劳动力供应链一直延伸到中西部地区和海外，促进了区域经济的发展。

从产业结构和类型的角度看，我国区域经济各有侧重。过去强调重工业优先，如今在强调制造业继续扮演经济增长的"领头羊"的同时，加大了各种新兴第三产业（或广义的服务业）的比重。从产业类型看，伴随着现代产业的蓬勃发展，劳动密集型产业将逐步向技术密集型产业过渡，劳动力成本会逐渐提高。在这样的经济转换背景下，计划经济时期的三线建设明星城市，如东北的哈尔滨、长春、沈阳，以及西安、成都、武汉、重庆等地由于中央直属企业多，历史遗留问题重，产业结构调整难度大、时间长，仍以传统的第二产业为主。而东南部地区则以第三产业和作为工业结构升级重要标志的高新技术产业为主。目前中国装备制造业已形成四个集群：以沈阳为中心的东北地区是成套设备和汽车制造集中地，以西安为中心的西北地区和以重庆为中心的西南地区是军事装备制造集中地，珠江三角洲地区主要是通信设备和计算机制造，长江三角洲地区优势在电子信息设备、汽车和汽车零部件制造。

从历史文化背景看，由于地域相邻，人缘相亲，文化相同，千丝万缕的联系促成了地域经济相融，出现了一种比较板块化的区域经济。例如，以上海为龙头，苏、浙为两翼的长江三角洲，是中国经济、科技、文化最发达的地区之一。上海、江苏、浙江联手共建"长三角"，有利于打破行政区划界限，在更大范围、更广领域和更高层次上整合和优化配置资源，避免低水平重复建设，增强"长三角"的经济竞争力。

从现实的角度看，今后 50 年内我国城市化进程不断加快，我国东部地区将出现几百个百万人口以上的大城市和若干个容纳上亿人口的密集都市带（圈），每一个都市带（圈）都会有自己相对完整的产业链和金融中心，但它们的市场边界都是开放的，不仅带动周边地区发展，而且与世界各国保持广泛的贸易往来。为此，城市的基础设施建设和住宅建设要消耗大量的钢材、木材、玻璃和水泥，能源、原材料的消耗量将达到创纪录的水平，伴随而来的将是区域经济的形成。

### （二）分析区域经济态势的途径

区域经济格局跟国民经济发展总体趋势、社会发展总体趋势、国家及地方产业政策、资源利用状况、供给与需求能力、投资领域的发展水平等息息相关，因此，要分析区域经济态势，可从以下途径入手。

1. 区域经济发展规划。主要指国家及各级政府制定的社会与国民经济发展规划、产业布局调整导向政策、区域开发规划等。例如，2008 年 1 月 16 日，国家批准实施《广西北部湾经济区发展规划》，根据空间布局和岸线分区，规划建设五个功能组团。其中：南宁组团，主要包括南宁市区及周边重点开发区，发挥首府中心城市作用，重点发展高技术产业、加工制造业、商贸业和金融、会展、物流等现代服务业，建设保税物流中心，成为面向中国与东盟合作的区域性国际城市、综合交通枢纽和信息交流中心；钦（钦州）防（防城港）组团，主要包括钦州、防城港市区和临海工业区及沿海相关地区，发挥深水大港优势，建设保税港区，发展临海重化工业和港口物流，成为利用两个市场、两种资源的加工制造基地和物流基地；北海组团，主要包括北海市区、合浦县城区及周边重点开发区，发挥亚热带滨海旅游资源优势，开发滨海旅游和跨国旅游业，重点发展电子信息、生物制药、海洋开发等高技术产业和出口加工业，拓展出口加工区保税物流功能，保护良好的生态环境，成为人居环境优美舒适的海滨城市；铁山港（龙潭）组团，主要包括北海市铁山港区、玉林市龙潭镇，充分发挥深水岸线和紧靠广东的区位优势，重点建设铁山港大能力泊位和深水航道，承接产业转移，发展临港型产业，建设海峡两岸（玉林）农业合作试验区；东兴（凭祥）组团，主要包括防城港东兴市、崇左凭祥市城区和边境经济合作区及周边重点开发区，发挥通向东盟陆海大通道的门户作用，发展边境出口加工、商贸物流和边境旅游，拓展凭祥经济技术合作区的功能，建立凭祥边境综合保税区。

2. 研究机构等权威组织的调研报告。比如国务院、社科院、地方政府政策研究部门提出的经济发展调研建议报告等。

3. 区域资源优势。如贵州和广西都是典型的喀斯特地貌，都是多民族聚居的省（区），自然风光与民族风情共同构成了两省（区）丰富多彩的旅游资源，这为打造桂黔旅游经济圈奠定了基础。

4. 生产力和消费力水平。生产力是由一系列实体性要素与非实体性要素按一定的方式有机构成的系统。生产力的空间布局也叫生产的地区结构，它是社会生产力在各个经济地区的配置、调整和再分布。任何一个物质部门、行业、企业的建立和发展，只有配置最适宜的项目和发展的地区条件，包括地区的自然条件、经济条件、社会条件、文化条件和人口条件，才能实现最佳的、综合的社会经济效益，也才利于全国各个经济地区的合理分工，优势互补，各展所长，共同发展。

消费力是消费者与消费资料、消费劳务的结合体。消费力的主体——消费者，随着人口的增长和人口的自然构成、社会构成的变化，以及人们的科学文化素质、思想道德素质的提高而不断变化；消费力的客体——消费资料和消费劳务，随着社会生产、社会分工的发展以及人们生活质量的提高和生活方式的改变而不断发生变化，逐渐丰富，呈现出多样化。

生产力发展水平决定消费力的大小，消费力的发展制约着生产力的发展方向。一个区域的生产力和消费力共同影响该区域经济的容量与潜力。

5. 财政收入与支出。财政收入与支出反映该区域经济现状，影响该区域经济投资环境。

综上所述，我们关注行业发展，分析区域经济发展态势，目的是发现与把握职业生涯发展机遇，明确职业发展目标，主动适应区域、行业经济和社会的发展，合理规划职业生涯。

◀ 课程实践 ▶

1. 假设有这样一个场景：你和同桌小李本是很接近的两个人，你们两个个头差不多，学习成绩也差不多，家境也差不多，可是最近不知为什么小李常常得到班主任的表扬，而且他在这种表扬下居然学习成绩渐渐上去了，于是你每次看到他都觉得心里不舒服。请完成下面的练习。

（1）写出自己的十个优点。

（2）写出你为小李感到高兴的几个理由。

（3）面对小李的进步你可以做些什么？

（4）你是否经历过成功，当时你的心态怎样？

（5）你是否经历过失败，当时你的心态怎样？

（6）失败过去后，你感觉怎样？它对你以后的所作所为会产生什么影响？你的心理素质因此变好了还是变差了？

（7）如果下次再经历失败，你会对自己说什么？

2. 请列出你自己所具备的 10 项以上的能力，然后经过思考，从中选出你认为比较突出的 5 项，将这 5 项能力用文字表述出来，并用 5 个事例来对应这 5 项能力，然后与职业指导教师或同学一起交流、评估，再从中选出 2 项最具有竞争力的能力。

3. 通过社会调查或请企业人员作报告等方式了解所学专业涉及的职业，包括职业的业务范围、对人才素质的要求、职业发展情况等。

第三单元

# 职业生涯发展目标与措施

成功会向那些有目标和有远见的人敞开怀抱。职业生涯目标的确定是职业生涯规划的核心,一个人事业的成败,很大程度上取决于有无正确、适当的目标。

人生确立一个什么样的职业生涯发展目标,要根据主客观条件来加以规划。重要的是,要制定并实施实现职业生涯发展目标的方法策略。

当你无法从一楼蹦到三楼时,不要忘记走楼梯。要记住伟大的成功往往不是一蹴而就的,必须学会分解你的目标,逐步实施。

> **案例**

## 新生活从选定方向开始

比塞尔是西撒哈拉沙漠中的一个小村庄，它坐落在一块 1.5 平方千米的绿洲旁，可在肯·莱文 1926 年发现它之前，这儿的人没有一个走出过大沙漠。肯·莱文作为英国皇家学院的院士，当然不相信这种说法。他用手语向这儿的人询问其中的原因，结果每个人的回答都是一样：从这儿无论向哪个方向走，最后都还是要转到这个地方来。为了证实这种说法的真伪，他做了一次实验，从比塞尔向北走，结果三天半就走了出来。

比塞尔人为什么走不出来？肯·莱文非常纳闷，最后他只得雇一个比塞尔人，让他带路，看看到底如何？他们带了够半个月用的水，牵上两匹骆驼，肯·莱文收起指南针等现代化设备，只挂着一根木棍跟在后面。10 天过去了，他们走了数百英里的路程，第 11 天的早晨，一块绿洲出现在眼前。他们果然又回到了比塞尔。这一次肯·莱文终于明白了，比塞尔人之所以走不出沙漠，是因为他们根本不认识北斗星。

在一望无际的沙漠里，一个人如果凭着感觉往前走，他只会走出许许多多、大小不一的圆圈，最后的足迹十有八九是一把卷尺的形状。比塞尔处在浩瀚的沙漠中间，方圆上千千米没有一点参照物，若不认识北斗星又没有指南针，想走出沙漠确实是不可能的。

肯·莱文在离开比塞尔时，带了一个叫阿古特尔的青年，这个青年就是上次和他合作的人。他告诉这个小伙子，只要白天休息，夜晚朝北面那颗最亮的星星走，就能走出沙漠。阿古特尔跟着肯·莱文，3 天之后果然来到了大漠的边缘。

现在比塞尔已是西撒哈拉沙漠中的一颗明珠，每年有数以万计的旅游者来到这里，阿古特尔作为比塞尔的开拓者，他的铜像被放在小城中央。铜像的底座上刻着一行字：新生活是从选定方向开始的。

成功，需要明确的目标和方向。

## 如果没有目标，人生将会怎样

我们的人生如果没有目标的话，会出现怎样的情况呢？有一个真实的例子，说明一个人若看不到自己的目标，就会有怎样的结果。

1952 年 7 月 4 日清晨，加利福尼亚海岸笼罩在浓雾中。在海岸以西 21 英里的卡塔林纳岛上，一个 34 岁的女人正准备涉水进入太平洋，开始向加州海岸游去。要是成功了，她就是第一位游过这个海峡的女人。这个女人叫费罗伦丝·查德威克。在此之前，她是游过英吉利海峡的第一位女性。

那天早晨，海水冻得她身体发麻，雾很大，她连护送她的船都几乎看不到。时间一个小时一个小时过去，千千万万的人在电视上关注着她。有几次，鲨鱼靠近了她，被护送船上的人开枪吓跑了。她仍然在游。在以往这类渡海游泳中她的最大问题不是疲劳，而是寒冷刺骨的海水。

15个小时之后，她被冰冷的海水冻得浑身发麻。她知道自己不能再游了，就叫人拉她上船。她的母亲和教练在另一条船上。他们告诉她海岸很近了，叫她不要放弃。但她朝加州海岸望去，除了浓雾什么也看不到。几十分钟之后——从她出发算起15个小时零55分钟之后人们把她拉上了船。又过了几个小时，她渐渐觉得暖和了，但这时却开始感到失败的打击。她不假思索地对记者说："说实在的，我不是为自己找借口。如果当时我看见陆地，也许我能坚持下来。"人们拉她上船的地点，离加州海岸只有半英里！

后来她说，真正令她半途而废的不是疲劳，也不是寒冷，而是因为在浓雾中看不到目标。查德威克小姐一生中就只有这一次没有坚持到底。2个月之后，她成功地游过了同一个海峡。她不但是第一位游过卡塔林纳海峡的女性，而且比男子的纪录还快了大约2个小时。

查德威克虽然是个游泳好手，但也需要看见目标才能鼓足干劲完成她有能力完成的任务。因此，当我们规划自己的事业时，千万别低估了制定可测目标的重要性。

## 第一节　确定职业生涯发展目标

职业生涯发展目标的确定是职业生涯规划的核心。一个人事业的成败，很大程度上取决于有无正确、适当的目标。没有目标如同驶入大海的孤舟，四野茫茫，没有方向，不知道自己该走向何方。只有树立了目标才能明确奋斗方向。目标犹如海洋中的灯塔，引导人们避开险礁暗石，走向成功。

### 一、职业生涯发展目标的构成

职业生涯规划是人生规划的主体部分，是同个人、家庭和社会生活结合在一起的，是和个人追求幸福生活密不可分的。所以，制定职业生涯规划要和个人的人生目标结合起来，要把职业生涯和家庭、社会生活结合起来。

职业生涯发展目标的构成，从目标的期限看可分为短期目标、中期目标、长期目标和人生目标。短期目标可以是月目标也可以是年目标。下表是职业生涯目标的规划。

**职业生涯目标规划表**

| 类　　型 | 定义及任务 |
|---|---|
| 人生规划 | 整个职业生涯的规划，时间长至 40 年左右，设定整个人生的发展目标，如规划成为一个拥有数亿资产的公司董事长 |
| 长期规划 | 5～10 年的规划，主要设定较长远的目标，如规划 30 岁时成为一家中型公司的部门经理，40 岁时成为一家大型公司的副总经理等 |
| 中期规划 | 一般为 3～5 年内的目标与任务，如规划到不同业务部门做经理，从大型公司部门经理到小公司做总经理等 |
| 短期规划 | 3 年以内的规划，主要是确定近期目标，规划近期完成的任务，如对专业知识的学习，掌握哪些业务知识等 |

# 二、职业生涯发展目标的选择

亚里士多德曾经说过："人是一种寻找目标的动物，他生活的意义仅仅在于是否正在寻找和追求自己的目标。"职业生涯目标的设定是继职业选择、职业生涯路线选择后对人生目标作出的抉择。其抉择是以自己的最佳才能、最优性格、最大兴趣、最有利的环境等信息为依据的。

## （一）职业生涯发展目标选择的原则

职业生涯目标的确定是有科学性的，方法不对，职业生涯目标的确定就毫无价值。

1. 可行的。意思是说就你的能力和特点而言，实现这个目标是现实的、可能的。

2. 可信的。是指个人相信自己能完成既定的目标，对自己的能力有信心，相信自己能够在规定的时间内完成。

3. 可控的。主要是指自己对一些可能会最终影响自己实现目标的因素的控制能力。因此用什么方式来表述自己的目标非常重要，如果你说"我的目标是在 IBM 公司获得一份工作"，那么你这种表述目标的方式就违反了可控性的原则，因为这种表述方式忽略了被拒绝的可能性。而"我的目标是在毕业之前向 IBM 公司申请一个职位"就是一个可以被接受的目标，因为你能控制相关的因素。依靠他人的帮助来实现自己的某一目标是有风险的，因为可能会忽略目标设立的可控原则。如果你的目标关系到他人，那你就有必要邀请他们参与你的计划，以争取他们的合作。

4. 可界定的。目标必须是以普通人都能理解的口头语言或书面语言表达。一个长期目标的用词必须仔细推敲，这样才有可能将它进一步分解为一系列的环节或短期目标。有时你会感到要表述一个目标非常困难，因为那需要你把抽象的感觉变为具体、清晰的陈述。

5. 明确的。只陈述某一特定的目标，并且在一段时间之内只集中于这一个目标。同时也要求你非常慎重地遣词用句。例如，你可以说你的目标是要装修房间，这很好，但是装修到底是什么意思呢？是刷漆、修缮、重新布局、买新家具、换墙纸、打扫卫生，是所有的这一切，还是只是其中的一项或是别的什么情况呢？所以目标要具体、明确。

6. 属于你自己的。制定的目标应该是自己真正想去做的事情，而不是别人强加给自己的。

7. 促进成长的。目标应该是对自己和他人均无伤害性或破坏性的。

8. 可量化的。目标尽量以一种能够用数字加以衡量的方式来表达，而尽量不要用宽泛的、一般的、模糊的或抽象的形式。如只是说"我会更加努力地参加技能比赛"或"我的目标是更好地利用时间"是远远不够的。你怎样衡量"更加努力"和"更好"呢？你需要用一种可以衡量的方式来表达自己的目标，如"我的目标是在下一届全国职业技能大赛中获得美发项目一等奖"。当下一届技能大赛到来的时候，你就会知道你是否实现了自己的目标。

### （二）职业生涯发展目标选择的步骤

1. 寻找目标网。将自己所有的目标列出来，将目标按时间、强度排序，找出自己持续时间最长、程度最强的目标。通过排序分析出自己的长远目标是什么，阶段目标和近期目标又各是什么。

2. 运用 SWOT 分析法（即优势、劣势、机遇、挑战等分析法）确定适合自己发展的职业生涯的目标。

（1）优势分析。在自己的职业生涯设计中，如果能根据自身长处选择职业并顺势而为地将自己的优势发挥出来，就会事半功倍，如鱼得水；如果像让兔子学游泳那样选择了与自身爱好、兴趣、特长背道而驰的职业，那么即使再勤奋弥补，耗费了九牛二虎之力，也是事倍功半，难以补拙。职业生涯设计的前提是知道自身的优势是什么，并将自己的职业生涯发展都建立在这个优势之上。

具体来说，就是要知道：第一，你学了什么。在学习生活中，你从学校开设的课程中学到了什么有价值的东西，社会实践活动提高了你哪方面的知识和能力。第二，你曾经做过什么。如在学校期间担任过什么职务、参加过什么社会实践活动、工作经验的积累程度如何等。要增强自己经历的丰富性和突出性，你应该有针对性地选择与职业目标相一致的工作项目，坚持不懈地努力工作，这样才会使自己的经历有说服力。第三，你做得最成功的是什么。你做过的事情中最成功的是什么？是如何成功的？通过分析，可以发现自己的长处，譬如坚强的意志、创新的精神，以此作为个人深层次挖掘能力的动力之源和魅力闪光点，形成职业生涯设计的有力支撑。

（2）劣势分析。指出自己的劣势和最不喜欢做的事情，找到自己的短处，努力改正自己常犯的错误，提高自己的技能，放弃那些对自己不擅长的技能要求很高的职业。

具体来说就是要知道：第一，性格的弱点。人天生都有弱点，与生俱来且无法避免。第二，经验或经历中所欠缺的方面。有欠缺并不可怕，怕的是自己还没有认识到或认识到了而仍一味地不懂装懂。正确的态度是认真对待，善于发现，努力克服和提高。第三，最失败的是什么。你做过的事情中最失败的是什么？是如何失败的？通过分析来避免在以后的职业中再次失败，防止在跌倒的地方再次跌倒。

自我认识一定要全面、客观、深刻，不能规避缺点和短处。"当局者迷，旁观者清"，尽量多参考同学、朋友、师长、专业咨询机构等的意见，力争对自我有一个全面的认识。

（3）机遇分析。环境为每个人提供了活动的空间、发展的条件和成功的机遇。个人如果能很好地利用外部环境，就会有助于个人发展的成功。否则，就会处处碰壁，寸步难行。

具体来说，就是要知道外部环境是否有利于所选的职业，具体是哪些方面有利；自己所处的环境哪些因素对自己有利，所选择的行业发展趋势如何；在人际关系方面，哪些人对自己的职业发展作用比较大，会维持多久，如何与其保持联系。

有人说，在机会面前有五种人：第一种人创造机会，第二种人寻找机会，第三种人等待机会，第四种人错过机会，第五种人漠视机会。我们如果做不了第一种人，至少也要主动去寻找机会。

（4）挑战（威胁）分析。除了机遇，在这个社会中，我们也会面对各种各样的挑战和威胁，这是我们无法控制的外部因素，但是我们可以弱化它的影响。这些因素包括就业还处于买方市场形势、所学专业不符合社会的发展需要、来自同学的竞争、面对有更优的技能和更丰富的知识及更多的实践经验的竞争者等。对于挑战，我们不能一味采取回避的态度，或者自怨自艾，因为我们不能让社会适应自己，只能改变自己，提高自己适应社会的能力，通过努力把挑战转化为内在的动力，这样才能避免不利的影响，在困境中脱颖而出，寻求发展和成功。

SWOT分析是检查技能、能力、职业、爱好和职业机会的有用工具。它可以帮助我们更好地确定自己发展的方向，科学地制订适合自己的发展计划。

3. 确定目标。通过寻找目标和通过利用SWOT分析法分析，明确自己短期、中期、长期各个时期的具体职业生涯目标。

成功的人和不成功的人区别在于，成功的人可以无数次改变方法，但不轻易放弃目标；而不成功的人总改变目标，就是不改变方法。

### （三）职业生涯路线的选择

在确定职业和职业发展目标后，就面临着职业生涯路线的选择。职业生涯路线的选择是人生发展的重要环节之一。由于发展路线不同，对职业发展的要求也就不同。

在选择职业路线时，首先要对职业生涯要素进行系统的分析。可以考虑以下四个方面的问题。

1. 希望向哪条路线发展。主要是根据个人的爱好兴趣、价值观、理想和成就动机等主观因素，计划出自己希望朝哪条路线发展，如是向专业技术方向发展，还是向行政管理方向发展，以便确定自己的目标取向。

2. 适合往哪条路线发展。指的是分析个人适合向哪一条路线发展，主要考虑自己的性格、经历、特长、学历、家庭影响等一些客观条件对职业路线选择的影响，确定自己的能力取向。

3. 能够朝哪条路线发展。个人能够向哪一条路线发展，主要考虑自身所处的社会环境、经济文化环境、政治环境和组织环境等，确定自己的机会取向。

4. 哪条路线可以得到发展。选择自己希望和适合的发展道路后，进一步综合分析各方面的因素，判断自己的这条职业目标的实现路线是否可以取得发展。

职业生涯路线的选择，要通过系统地分析自身因素和环境因素，权衡利弊，以挑选出能实现自己目标的最佳路线。

典型的职业生涯路线图是一个"V"形图。图形的一侧表示从事管理活动的路线，另一侧表示从事专业技术的路线，如研究、开发。

图3-1是一个刚刚大学毕业参加工作的22岁年轻人的职业生涯路线图，起点是22岁。从起点向上发展，"V"形图的左侧是从事行政管理路线、右侧是从事专业技术路线。

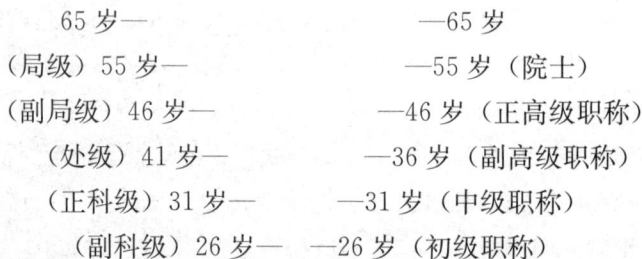

```
        65 岁—                    —65 岁
  (局级) 55 岁—                   —55 岁 (院士)
(副局级) 46 岁—               —46 岁 (正高级职称)
  (处级) 41 岁—           —36 岁 (副高级职称)
(正科级) 31 岁—       —31 岁 (中级职称)
(副科级) 26 岁—   —26 岁 (初级职称)
```

**图3-1 一个22岁年轻人的职业生涯规划示意图**

这个年轻人按照年龄或时间将路线划分为若干部分，将专业技术等级和行政职务等级分别标在路线图上，作为他自己职业生涯的目标，如选择专业技术路线则可以按照图中右侧的发展方向努力。

## 第二节 制订职业生涯发展步骤

任何一个人都不可能一步跨入自己的理想世界，不可能瞬间实现自己的人生目标与价值。一个人的成功之路是由一个个目标铺就的，一个目标实现以后，另一个新的目标必然出现在眼前。因此一个人最终价值的实现就是在一个个具体目标的实现过程中体现出来的，而这些具体目标也是相互关联的，是在人生总目标的统领之下逐渐分解而来的。人生价值的实现过程就如攀登一座高峰，要想顺利到达峰顶就要从山脚下往上攀。对于一个人的成长来说，在其实现自身价值的总目标确定之后，也要如登山一样将自己的总目标分成若干分目标，如阶段目标、年目标、月目标、周目标、日目标等，只有这样才能保证每走一步都能够离总目标更近一点，也只有这样，人生发展的总目标及人生价值才能真正实现。

# 一、设计职业阶段目标

分解目标、设计阶段性目标有助实现梦想。

1984 年，在东京国际马拉松邀请赛中，名不见经传的日本选手山田本一出人意料地夺得了世界冠军。两年后，在意大利国际马拉松邀请赛中，他又获得了世界冠军。记者请他谈经验时，他说："我是用智慧战胜对手的。"这句话当时许多人并不理解。10 年后，这个谜底终于被揭开了。他在他的自传中是这么说的："每次比赛前，我都要乘车把比赛的线路仔细看一遍，并把沿途比较醒目的标志画下来，比如一座银行、一棵大树、一座红房子……这样一直画到赛程的终点并将它们设定为我的分阶段目标。比赛开始后，我就奋力地向第一个目标冲去，等到达到第一目标后，我又以同样的速度向第二个目标冲去。40 多千米的赛程，就被我分解成这么几个小目标轻松跑完了。"

可见，目标是未来的现实，目标是行动的导航灯，而设计方案、分解目标可以更轻松地达到目标。

## （一）设计职业阶段目标的原则

职业理想既要有远期的目标，也要有近期的具体目标。职业理想通过一个个具体阶段目标分步实现，有无具体阶段目标是职业生涯设计优劣的重要标志。

阶段目标应该是"跳一跳"就能达到的具体目标，近期阶段目标要十分具体，能让自己认识到这个职业到底需要从业人员具有什么职业素质，到底需要作出哪些具体的努力。远期目标可以是一个范围，但这个范围不应过于空泛。各阶段目标之间的关系应该是阶梯形的，前一个目标是后一个目标的基础，后一个目标是前一个目标的方向，所有阶段目标都指向远期目标。

1. 阶段目标必须既有一定的高度，又切实可行，通过努力可以达到，符合自身条件，符合社会现实。心理学实验证明：太难或太容易的事都不具有挑战性，也不会激发人的热情行动。阶段目标是现实行动的指南，若目标低于自己的水平则不具有激励价值；但如果目标高不可攀，拿不出切实可行的计划，不能在一两年内明显见效，则会挫伤积极性，反而起到消极作用。

2. 阶段目标应尽可能具体明确，并限定时间。只有具体明确并有时限的目标才具有行动指导和激励的价值。要在特定的时限内完成特定的任务，就会使人集中精力，激发自己和他人的潜力，为实现目标而奋斗。反之，则根本谈不上成功和卓越。

### （二）设计阶段目标的要领

如果你的职业生涯规划目标是成为一个掌管上亿元资产的公司总经理，你就要把这个目标分成几个中等的目标，如什么时候成为一个部门的主管，什么时候成为一个部门的经理，然后再把这些目标进一步细分，使它成为直接可操作的具体计划。

1. 阶段目标可分为近期目标与中期目标。设计阶段目标分为几个阶段，应因人而异，根据需要细分为若干阶段。

2. 在分段内容上，可以按照工作内容变化、工作职务与职位晋升、工资待遇一步步改善、年龄段期望达到的标准等内容设计自己的阶段目标。

3. 在分段表现形式上，可根据自己的喜好用图表、文字描述。这只是形式，重要的是能把阶段目标简明扼要地表达清楚，将阶段目标清晰化、具体化，将目标量化成可操作的实施方案。

以下是一位花卉园艺专业的在校生职业生涯规划阶段目标简图（图3-2）。

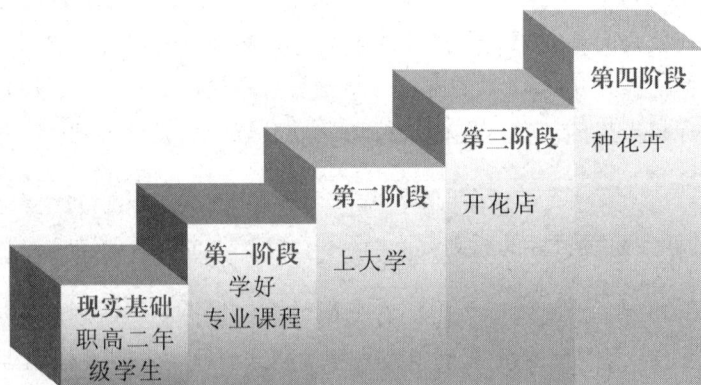

图3-2　某中职生职业生涯规划阶段目标简图

中国有句古话说："站得高，看得远。"一个人要想成就一番事业，就要在立足自身优势及社会环境的基础上，为自己建立一个具有一定高度的奋斗目标，并根据实际情况将目标分解，形成阶段性目标、年目标、月目标、周目标，甚至日目标，同时为实现自己的目标而努力拼搏，真正做到"锲而不舍，奋斗不息"，逐步将一个个分目标一一实现。历经千辛万苦之后，你会惊喜地发现目标已在你的身后。

## 二、确定近期职业目标

### （一）重视近期目标

在阶段目标中，第一阶段目标即近期目标是最重要的阶段目标，必须特别重视近期目标的设定。

要想有一个成功的职业生涯发展，就必须重视职业发展的两个关键时期：一是职业生涯开始前，即进入职场的准备阶段，也是在校学习时期；二是职业生涯开始的初期，即进入职场后的前两年。

中职生在进入职场前，要十分珍惜自己有限的在校学习生活，职业教育是以就业为导向的教育，是为职业生涯奠定基础的定向教育。在此期间，一方面要努力学习有关专业知识和职业技能，为进入职场作好准备；另一方面要努力了解社会、了解职业、了解自己，作好职业生涯规划，有针对性地提升自身素质，为职业生涯发展奠定坚实的基础。

进入职场后，要特别重视职业生涯开始的前两年，尽快完成从"学校人"向"职业人"的转变，在职业实践中检验自己的职业生涯发展目标，确认、完善、调整发展目标和整个职业生涯规划。

### （二）设计近期目标的要领

近期目标相对于阶段目标更具体、更明确，而且是只要努力就能达到的目标，使自己在未来不断攀登职业发展的一个个台阶的起始阶段就能品尝成功的快乐，树立成功者的信念。

不同年级的中职生对近期目标的选择是有区别的。低年级的学生可以把毕业时应达到的标准作为近期目标，即第一阶段目标，也可以把毕业时选择的职业作为第一目标，还可以把升学的愿望作为第一目标，并且必须符合自己的长远目标。学生只要找到了自己的就业方向，就找到了学习的动力。高年级学生临近毕业，应明确把毕业后升学还是就业作为第一目标。

## 三、进行自我条件再评估

在校学生确定了近期目标后，针对近期目标对从业者的具体要求，深入细致地再次对自我条件进行评估，才能进一步强化追求目标实现的信心，才能为职业生涯规划的下一步发展奠定基础。因此，职业学校学生在明确阶段目标后，应围绕着近期目标作好发展条件的补充分析。

进行自我条件再评估，不同于明确职业生涯发展目标前对自身发展条件的评估，发展条件补充分析应侧重与自身条件和近期目标对从业者素质要求的比照，细致列出自己达到近期目标所具有的优势和差距。在具体操作时，可用文字或列表的方式，清楚、具体地表述相符和相差之处。首先，要了解现在的我。了解自己的专业特长、兴趣爱好、性格特征、能力潜质。可以用笔记的方式记下自己的学习、工作简历、爱好、特长，近期职业兴趣变化及原因，成功及失败的经历，然后根据记录的情况给自己一个书面评价。其次，要预测明天的我在现有的基础上，对自己通过努力而产生的变化趋势的分析。这既是确定职业生涯目标的重要依据，也是制定实现目标的具体措施和打下的基础。要相信自己，如果知识不够，可以通过刻苦学习来弥补；技能较差，可以通过刻苦训练来提高；个性有弱点，可以通过努力来调适。

## 第三节　制订职业生涯发展措施

### 一、制订行动计划

乔治·萧伯纳说："征服世界的将是这样一些人：开始的时候，他们试图找到梦想中的乐园。当他们无法找到的时候，他们亲手创造了它。转动自己才能转动地球，知道自己想要去的方向，如果你知道去哪儿，世界都会给你让路。"

行动，这是所有步骤中最艰难的一个步骤。我们知道良好的动机只是一个目标得以确立和开始实现的一个条件，但不是全部。如果动机不转换成行动，动机终归是动机，目标也只能停留在梦想阶段。

确定了职业生涯目标后，行动是关键，应辅以各项考核措施，以确保目标的实现。这里所指的行动，是指落实目标的具体措施，主要包括工作、训练、学习、轮岗等方面的措施。如你应通过什么样的途径来获取竞争激烈的、理想的职业；为达到工作目标，你计划采取哪些措施提高效率；在业务素质方面，你计划采取哪些措施提高业务能力；在潜能开发方面，你计划采取哪些措施等，这些都要有具体的计划与措施。参加公司的教育、培训与轮岗，构建人际关系网，参加业余时间的课程学习，掌握额外的技能与知识等也都是职业目标实现的具体策略，也包括为平衡职业目标与其他目标而作出的努力和实现个人在工作中的良好表现与业绩。制订行动计划要具体、明确，以便定期检查落实的情况。

# 二、审视职业生涯发展措施

## （一）职业生涯发展措施三要素

实现职业生涯目标的措施有三个要素：任务、标准、时间。职业生涯发展措施是根据现在的我与明天的我之间的差距制定的措施，不但要有标准，还要有具体的任务和时间。时间安排包括两个方面：一是什么时间达到什么目标，即目标的实现应该有一个期限；二是什么时间落实达到目标所采取的各项措施，即任务完成的时间。每一个时间阶段又有起点和终点，即开始执行和达到目标两个时间坐标。如果没有明确的时间规定，会使职业生涯规划陷于空谈或导致失败。

制定职业生涯发展措施的要领有三点，即措施必须是具体客观的、可行的、针对性强的。具体客观强调可操作性，可行强调的是符合自身条件及外部环境，针对性强强调措施不但直接指向目标，而且指向本人与目标的差距。措施只有具有具体客观、可行性、针对性强三个特点，才能体现实现目标的效益和实效。

## （二）近期目标的措施要更具体

各阶段措施可以按照近细远粗的思路安排，即实现近期目标的措施要更具体。近期目标的措施是要马上落实、立即执行的措施，必须是可操作、有指标、易量化的。在选择近期目标措施时，应以自身条件与近期目标之间的差距为依据，体现出极强的针对性。

具体的操作要领：根据现在的我和明天的我之间的差距制定措施。

1. 找出差距（与目标的差距）。差距是一个人职业素质的现状与职业生涯目标实现所需要的职业素质要求的差距，包括思想观念的差距、知识的差距、心理素质的差距以及能力的差距。实现目标的过程就是缩小差距的过程。分析目前的状况与实现目标所需要的知识、能力、观念等方面的差距，才能采取有效的行动。

（1）思想观念的差距。思想观念是对人对事的一种价值观，不同的观念会导致不同的行为方式。越是高层管理人员，具备正确的观念就越重要。正确的思想观念并不能移植到人的大脑中来，需要学习、理解并反复实践后才能真正树立起来。

（2）知识的差距。过去人们对知识分子的认识是有学问、有文凭，而现代知识分子的能力应表现在有快速学习新知识的能力，具有将知识运用于工作实践中并取得好成果的能力。由于时间、精力有限和人类知识量的迅速增加，现代人难以成为百科全书式的知识渊博者，而且知识的价值不在于拥有，而在于应用，只有知识更新才能保证能力的提高。

（3）心理素质差距。心理素质涉及一个人的毅力如何，面对变故和挫折时心理承受的能力怎样，也有人称之为情绪智力。情绪智力是指了解自己的情绪，接受、调整自己的情绪，理解别人的情绪、接纳别人情绪的能力。

近几年，情绪智力（EQ）即情商，作为一个新的话题受到社会各界广泛的重视。其实情绪智力问题在我国《孙子兵法》中已有精辟论述："主不可怒而兴师，将不可愠而致战，合于利而动，不合于利而止。""怒可以复喜，愠可以复悦。国亡不可复存，死者不可复生。"情绪智力也会影响我们是否能处理好各种各样的人际关系。情绪智力是成就大事者必须具备的一个特殊能力，我们必须找到自己在这方面的能力差距，并通过努力缩小差距。

（4）能力差距。除专业能力差距外，我们还可能有一些非专业能力的差距，比如具体操作能力的差距、演讲能力的差距、交流沟通能力的差距、身体适应能力的差距、计算机使用能力的差距。

2. 缩小差距的方法。在了解自身条件、分析差距的前提下，找到适合自己的缩小差距的方法，制订实施方案。

（1）教育培训的方法。根据目标分解和能力差距，制定教育培训的具体内容、时间、地点、方式，包括学习各种专业知识和技能。教育培训的方法侧重于向书本学习。

如果你所掌握的仅仅是你在学校所学的那些知识，那么在五年、八年后，在继续或重新选择职业时，你的能力和你的价值水平将是低一级的。亨利·福特曾说过："一个人无论实际年龄已过八旬，还是刚成年，如果他停止了学习，那么他就是衰老了。不断努力学习的人，不仅能保持青春的活力，而且能使自己更加有价值。"

（2）讨论交流的方法。讨论交流是为了缩小差距而选定讨论交流的对象、主题、时间、方法等，通过讨论交流可获得新知、灵感和帮助。

（3）实践锻炼的方法。这是缩小差距的根本方法。争取改变工作内容或工作方法，着重处理自己能力较差的工作。在职业生涯发展道路上还有一个重要观念：凡是你已经会做的事尽量交给别人去做。实践锻炼的方法是既给自己实践的机会，也给同事、部下实践的机会。在实践过程中可能会出现差错，但这同时也是发现问题、总结经验、重新调整的机会。

下表是一位在校中职生职业生涯规划的具体措施。

| 阶段 | 限期 | 目标 | 落实措施 | 主要指标要求 |
|---|---|---|---|---|
| 第一阶段 | 2006 年 9 月至 2008 年 2 月 一年半 | 学好专业课 | 在校期间学好专业技能，购买指导种花的书，走访花店 | ①学好相关专业课 ②了解鲜切花的种类及用途 ③获得花卉中级工证书 ④学会插花的基本造型艺术 |
| 第二阶段 | 2008 年 3 月至 2008 年 8 月 半年 | 毕业实习，拜师学艺 | 到花卉苗圃边打工边学习 | ①了解鲜切花的生产与管理 ②了解鲜切花从生产到供应的流程 ③了解生产鲜切花的设备与投资 |

续表

| 阶段 | 限期 | 目标 | 落实措施 | 主要指标要求 |
|------|------|------|----------|--------------|
| 第三阶段 | 2008年9月至2009年8月 一年 | 创建鲜切花生产基地 | 承包2亩地，准备生产材料 | ①搭建1亩塑料大棚<br>②搭建1间房屋，放置材料工具<br>③购买百合花种球等<br>④聘请一些专业人员进行指导 |
| 第四阶段 | 2009年9月至2011年8月 两年 | 建立鲜切花园 | 扩大生产规模，增加种类，一年四季都有鲜切花供应 | ①完善健全鲜切花基地，加强管理<br>②大量引进新型种球，培育出更好的鲜花<br>③铺设水管和安装水龙头，便于大量鲜切花的浇水管理<br>④主动到杭州和上海鲜切花批发市场和鲜花店推销鲜切花，建立鲜切花销售渠道，便于批量销售 |

# 三、编制职业生涯规划书

职业生涯规划是对个人职业发展道路进行选择和设计的过程，规划的内容和结果应该在规划过程中及规划后形成文字性的方案，以便理顺规划的思路，提供操作指引，随时评估与修正。

职业生涯规划书的作用还在于：为自己人生的发展描绘一个蓝图，使自己今后的学习、工作有明确的方向和前进的动力；全面认识自己的优点、特点和不足之处，有利于在今后的职业生涯中扬长避短，自觉地完善自我；向用人单位全面展示自己的能力、性格、特征和发展潜力，有利于用人单位挑选人才。

职业生涯设计作为个人发展计划，带有鲜明的个性，在写作上没有统一的格式，只要能反映职业生涯规划的内容、符合个人使用即可。

编制职业生涯规划书通常有四种方法。

## （一）职业生涯规划四步法

将职业生涯规划设计分成分析发展条件、确定发展目标、规划发展阶段、制定发展措施四大部分。

1. 分析发展条件。

（1）自身条件分析和角色建议。了解自己的现状和发展潜能，即现在的我和明天的我，也就是知道自己已做了什么、想做什么、能做什么。自身条件应包括年龄、兴趣、爱好、天赋、专长、知识水平、操作能力、身体条件、价值观念、情绪智力、家庭条件等。找到对自己影响重大的人倾听其建议，如职业生涯指导顾问、家庭主要成员、老师、朋友、同学等。

（2）社会环境分析和职业分析。社会环境分析，了解所在国家或地区的政治、经济、法制建设发展方向，寻找各种发展机会。职业分析要认清所选定的职业在社会环境中的发展过程和目前的社会地位，以及社会发展趋势对此职业的影响。

（3）行业分析和企业分析。行业分析即分析行业的发展现状、国外国内重大事件对该行业的影响、目前行业优势与问题所在、行业发展前景预测等。企业分析即分析企业在本行业和新发展领域中的地位和发展前景，以及企业产品在市场上的表现等。

2. 确定发展目标。包括确定职业方向、确定职业目标。

3. 规划发展阶段（图3-3）。

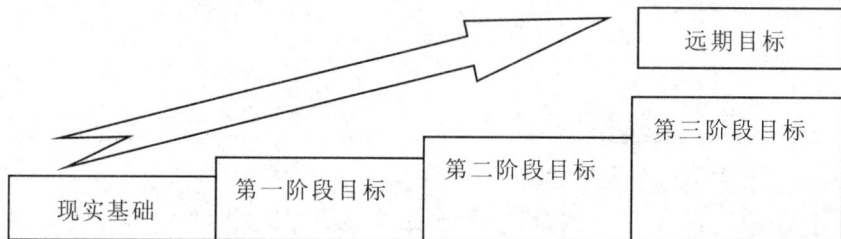

图3-3　发展阶段规划图

4. 制定发展措施。目标的实现需要付出实实在在的努力。围绕目标的实现，制定具体措施，并有时间安排，这是职业生涯规划的重要内容。

具体措施是根据现在的我变成明天的我之间的差距制定的措施，不但要具体，而且要有标准。

### （二）职业生涯规划五步法

职业生涯自我规划五步法依托的是归零思考的模式，从问自己是谁开始，然后一直问下去，共有五个问题：我是谁？我想干什么？我会干什么？环境支持或允许我干什么？我的职业与生活规划是什么？

回答这五个问题，找到它们的最大共同点，职业生涯规划就设计出来了。

对第一个问题"我是谁？"，回答的要点是面对自己，真实地写出每一个想到的答案，写完后再想想有无遗漏，确定没有了，再按重要性进行排序。

对第二个问题"我想干什么？"，可追溯到孩童时代，从人生初次萌生第一个想干什么的念头开始，然后随年龄的增长，回忆自己真心向往过的想干的事，并一一记录下来，写完后再想想有无遗漏，确定没有了，进行排序。

对第三个问题"我能干什么？"，则把确实证明具备的能力和自认为还可以开发出来的潜能一一列出来，认为没有遗漏了，进行排序。

对第四个问题"环境支持或允许我干什么？"的回答则要稍作分析：环境，有本单位、本市、本省、本国和其他国家，从小到大，只要认为自己有可能借助的环境，都应在考虑范畴之内。在这些环境中，认真想想自己可能获得什么样的支持和允许，分析清楚后一一写下来，再按重要性排序。

对第五个问题"我的职业与生活规划是什么?"，在分析前面四个问题的基础上，把自己最应该去做的事情列出来，自己的职业生涯应该以此为方向。

第一，提出远期目标。

第二，根据远期目标，提出近期目标。

第三，根据近期目标，提出本年度目标。

具体可参考下表。

| 时限<br>项目 | | 10 年 | 5 年 | 3 年 | 2 年 | 1 年 | 3 个月 |
|---|---|---|---|---|---|---|---|
| 工作 | 目标 | | | | | | |
| | 措施与方法 | | | | | | |
| | 奖惩办法 | | | | | | |
| 家庭 | 目标 | | | | | | |
| | 措施与方法 | | | | | | |
| | 奖惩办法 | | | | | | |
| 学习 | 目标 | | | | | | |
| | 措施与方法 | | | | | | |
| | 奖惩办法 | | | | | | |
| 收入 | 目标 | | | | | | |
| | 措施与方法 | | | | | | |
| | 奖惩办法 | | | | | | |
| 人际关系 | 目标 | | | | | | |
| | 措施与方法 | | | | | | |
| | 奖惩办法 | | | | | | |
| 健康 | 目标 | | | | | | |
| | 措施与方法 | | | | | | |
| | 奖惩办法 | | | | | | |

职业生涯规划五步法比较全面、细致，能帮助规划者把各种想法、各种条件记录下来，进行比较分析，整理出最适宜的职业生涯方向，按照此方向制定相应的行动措施。同时，能坚定规划者的信心，使其相信该规划是最适合自己的。自我规划五步法适合于想法多、思维活跃的人。

### （三）职业生涯规划六步法

1. 自我评估。主要包括对个人的需求、能力、兴趣、性格、气质等的分析，以确定什么样的职业比较适合自己和自己具备哪些能力。

2. 组织与社会环境分析。短期的规划比较注重组织环境的分析，长期的规划要更多地注重社会环境的分析。

3. 生涯机会评估。生涯机会的评估包括对长期机会和短期机会的评估。通过对社会环境的分析，结合本人的具体情况，评估有哪些长期的发展机会；通过对组织环境的分析，评估组织内有哪些短期的发展机会。

4. 生涯目标确定。职业生涯目标的确定包括人生目标、长期目标、中期目标与短期目标的确定，它们分别与人生规划、长期规划、中期规划和短期规划相对应。首先要根据个人的专业、性格、气质和价值观以及社会的发展趋势确定自己的人生目标和长期目标，然后再把人生目标和长期目标细化，根据个人的经历和所处的组织环境制订相应的中期目标和短期目标。

5. 制订行动方案。把目标转化成具体的方案和措施，其中比较重要的行动方案有职业生涯发展路线的选择、职业的选择，相应的教育和培训计划的制订。

6. 评估与反馈。职业生涯规划的评估与反馈过程是个人对自己不断认识的过程，也是对社会的不断认识的过程，是使职业生涯规划更加有效的有力手段。

### （四）职业生涯规划七步法

1. 分析你的需求。你也许会问：这一步怎么做呢？不妨试试以下两种方法。第一种是开动脑筋，写下 10 条未来 5 年你认为自己应做的事情，要确切，但不要有限制和顾虑哪些是自己做不到的，给自己的头脑充分的想象空间。第二种更直接，完成这个句子："我死的时候会感到满足，如果……"假设你即将不在人世，什么样的成绩、地位、金钱、家庭、社会责任状况能让你感到满足。

2. SWOT（优势、劣势、机遇、挑战）分析。分析完你的需求，试着分析自己性格、所处环境的优势和劣势以及一生中可能会有哪些机遇，分析自己职业生涯中可能有哪些威胁。这就要求你试着去理解并回答自己这个问题：我在哪儿？

3. 长期目标和短期目标。根据你认定的需求，自己的优势、劣势，可能的机遇来勾画自己的长期和短期目标。例如，如果你分析自己的需求是想授课，赚很多钱，有很好的社会地位，则你可选的职业道路会明晰起来。你可以选择成为管理讲师，这要求你的优势包括丰富的管理知识和经验以及优秀的演讲技能和交流沟通技能。在这个长期目标的基础上，你可以制订短期目标来一步步实现。

4. 阻碍。确切地说，写下阻碍你达到目标的自身的缺点、所处环境中的劣势。这些缺点一定是和你的目标有联系的，而并不是分析自己所有的缺点。它们可能是你的素质、知识、能力、创造力、财力或行为习惯方面的不足。当你发现自己的不足时，就下决心改正它，才能使你不断进步。

5. 提升计划。现在写下你要克服这些不足所需的行动计划。要明确，要有期限。你可能会需要掌握某些新的技能，提高某些目前的技能，或学习新的知识。

6. 寻求帮助。分析出自己行为习惯中的缺点并不难，但要去改变它们却很难。相信你的父母、老师、朋友、上级主管、职业咨询顾问都可以帮助你。有外力的协助和监督会帮你更有效地完成这一步骤。

7.分析自己的角色。制订一个明确的实施计划，一定要明确根据计划你要做什么。如果你目前已在一个单位工作，对你来说进一步的提升非常重要，你要做的则是进行角色分析。反思一下这个单位对你的要求和期望是什么，作出哪种贡献可以使你在单位中脱颖而出。大部分人在长期的工作中趋于麻木，对自己的角色并不清晰。但是，就像任何产品在市场中要有其特色的定位和卖点一样，你也要做些事情，一些相关的、有意义和有影响。但又不落俗套的事情，让单位知道你的存在，认可你的价值和成绩。成功人士会不断对照单位的投入来评估自己的产出价值，并保持自己的贡献在单位的要求之上。

## 案例

### 施先生实现愿望的过程

施先生27岁时，弟弟在美国为他办好了某名校的入学通知书，在去与不去的犹豫中，他运用自我规划五步法进行了职业生涯规划。

一、我是谁？

我是一家管理咨询公司的客户服务部经理（已任职一年多，称职，上下关系不错，业绩和收入都令人满意）；做经理前做了一年多客户服务员（开发业务，曾连续6个月业绩第一）；来这家公司前曾在一家保险公司做过一年多的人寿保险顾问，赚了些钱，但觉得在保险业工作太容易受到误会和蔑视，有点受不了，所以遇到管理咨询公司招人就来了，现在越来越感到这一行业如果工作尽责又有一定水平，会受到客户很大的尊重，比较适合自己的性情，也能赚到一些钱；愿做一个正派而有尊严的人；很爱我的父亲（退休的地区行署副专员）和母亲（普通退休干部），很担心他们的身体健康，几乎每年都要回家去看望他们；不要求赚很多的钱，但需要过体面而丰富的生活；过去不太注意储蓄，现在只存了30多万元，不知先买汽车还是先买住房；弟弟去年大学毕业出国留学了，我有点羡慕他；我很爱我的女朋友，我们准备结婚，但时机尚未成熟；大学毕业五年，身体健康，心理较正常，性格较外向，情绪较乐观；好奇心较强，学习能力不错；喜欢唱歌；有时爱幻想。

二、我想干什么？

我做管理咨询公司合伙人或职业经理人或管理咨询顾问；先去国外读MBA，再回国来做管理咨询工作，甚至开自己的咨询公司；和妻子共同住在属于自己的舒适的住房里，每天开着汽车去上班；在父母有生之年能够多尽一点孝心，可能的话把他们接到家里来住；有时想与人合伙开咨询公司，自己负责业务开发，别人负责咨询专案，但现在的老板如果能吸收我做股东并提供更大的事业空间似乎更好些。

### 三、我能干什么？

我能管理公司更多的业务，并能协调公司各部门的关系；是推广公司咨询业务的能手和指导下属开发客户的老师；能上业务开发课和一些较容易的管理课；会开汽车；相信还可以学会更多东西。

### 四、环境支持或允许我干什么？

现供职公司提供升职机会，我有可能获得一定的股份（公司计划明年扩大为集团，投资多个专业管理咨询与管理软件公司）；市内有多家同类公司挖我去做业务总监或副总，薪酬比现在高一两倍（现在我一年收入 20 多万元），有的还说不用我投资就送我股份，但我不知他们能否办好公司，而我如果真的去了他们能否兑现承诺也还是个问题；有的实业公司老板也请我去做营销部门的负责人，许以高薪、股份等，但我觉得其他行业受到的尊重不如咨询业；可以去大学深造，也可以读在职 MBA，只要有好的课程与教师；弟弟可以帮助我联系国外的大学读书，但以后的工作可能要回来从头开始；去练唱歌，也可以去酒吧唱歌，但专业成就很渺茫。

### 五、我的职业与生活规划是什么？

我打算继续在现在的公司好好干，希望不久的将来能有晋升职位并获得合伙创业的机会；工作的同时选择在职 MBA 进修；买房、结婚；买汽车；经常回去看父母，以后接他们来住；有时去唱歌消遣；去其他公司做合伙创业者；出国读书。

施先生对自己确定的 10 年、6 年目标，不愿明示与人；而 3 年目标是任所在公司的副总经理，攻读在职 MBA，年收入 50 万元，成为公司的正式股东，拥有自己的住房与汽车，结婚并接父母来住。不到 3 年，除父母不久前来住了一段时间，嫌该城市生活节奏太快、熟人太少、待不习惯又返回老家之外，施先生的其他愿望都已经实现了。

## 为我的未来展翅翱翔

人能为自己心爱的工作贡献出全部力量、全部精力、全部知识，那么这一工作将完成得更出色，收效也更大。

——奥勃鲁切夫

人生是短暂的，热爱生命的我得对未来作好规划，就得学会善于处理自己目前的任务——努力奋斗，争取学有所成，为明天作好准备。在学校，不少同学都在为他们自己做职业规划，我觉得这正是我所急需的，因为它能帮助我更好地珍惜时光，实现我的理想。

### 一、分析发展条件

我叫李亚超，由于学习成绩平平，没有考入普通高中，中考后进入了北京市商业学校。我从小就对电脑产生了极大的兴趣。我比较活泼，喜欢在网络世界里寻找自己所不知的东西，也喜欢广交天下好友，聊遍天南海北。所以我选择了计算机方面的电子商务专业。随着社会经济的飞速发展，人们开始意识到电子商务的地位不断提高，因此，我对自己选择的专业也越来越喜欢。通过这两年半的学习，我已经掌握了电子商务的基本理论和操作，也深知电子商务能力的重要性。所以我更珍惜现在所拥有的机会。

家庭条件：父母以工资收入为主，条件一般。

学习基础：中等水平。

劳动态度：乐于助人，踏实敬业，研究自己喜爱的事物。

所在地区：北京市，一个交通便捷、经济发达的大都市。近年来，随着电子商务发展步伐加快，网络营销这一行业的蓬勃发展，对人们的生活水平提高很快。

二、确定发展目标

我希望能从事电子商务行业的工作，我的目标是成为一名优秀的电子商务师。

如果想在人生的道路上站稳脚步，有所成就，首先，要认清自己；其次，要做自己喜欢做的事情。目前我只是个略知电子商务理论的中职生，还需要不断学习文化知识和专业理论知识，加强社会实践锻炼，提高工作能力，磨炼自己的意志。

学历需求方面：以我的中职学历水平来讲肯定是不够的，再加上我的英语水平也有限，这两方面现代电子商务师应掌握的专业知识我还比较欠缺。

职业技能需求方面：我现在所学的专业知识只是一些基础而已，要想成为一名电子商务师还是远远不够的，在系统管理、网页制作及程序开发、网页制作及网站管理等方面能力都还不够。

其他方面：例如，人际交往向来是人们重视的问题之一，还未走出过校门的我更需要通过与更多人接触来锻炼自己、磨砺自己，积累经验。

三、构建发展阶段和制定发展措施

1. 近期目标与措施。

近期目标：通过自己不懈的努力找一份好工作。同时报考成人大专班。我要在一两年的时间里努力考上理想的相关专业的大专，继续学习电子商务专业知识。

措施：首先加强英语方面的学习，在掌握网络方面相关词汇的同时利用双休日参加成人大专的培训，这样才能在知识与技能上得到真正的学习与锻炼。其次在培训中与不同阶层的人接触与合作，可以锻炼自己的交际、办事的能力。在基础知识方面与高中学生比较相差较多，所以我要付出比别人更多的努力，排除万难，踏踏实实地学习一年，为考上理想的学校奠定坚实的基础。

2. 中期目标与措施。

中期目标：通过学习及社会实践丰富自己，考取助理电子商务师证书，提高自己的专业技能。努力学习更多的专业知识，为自己打下坚实的基础和提高工作能力。

措施：首先，在学业上丰富自己的知识。取得助理电子商务师证书，使自己能够掌握更多的电子商务专业知识。英语是我要提高的重点，所以我要在毕业前拿到英语考试的二级证书，让自己具备熟练的英语听、说、读、写等能力，这是从事电子商务这项工作必不可少的一项能力。所以我相信今后的学习与工作一定会很充实。

3. 远期目标与措施。

远期目标：学有所成、阅历丰富后，找一份更有前途、更有利于自己发展的电子商务方面的工作，实现自己的最终梦想，成为一名优秀的电子商务师。

措施：大专毕业后努力找一份更适合自己、更能展现自己的工作，同时把自己全部的精力放在这份工作上，争取实现成为一名优秀电子商务师的梦想。我想这也许还需要5~10年的时间，我会在这段时间内多学、多干、多问，在丰富自己的工作经验的同时锻炼自己的处世能力与人际关系处理能力，以求早日实现自己的梦想。

中专是人生中一段美好而重要的时光，是我增长才能完善自我的好时机。三年的学习使我增长了知识、拓宽了眼界。制定职业规划也让我更清楚地认识了现在的自己。职业规划固然好，可更重要的是在于具体实践并取得成效。任何目标，只说不做到头来都会是一场空。而且现实是未知的、多变的，定出的目标计划随时都可能遭遇障碍，这就要求我要有清醒的头脑来面对和处理。

其实，每个人心中都有一座山峰，上面雕刻着理想、信念、追求、抱负；每个人心中都有一片森林，承载着收获、芬芳、失意、磨砺。一个人若要获得成功，必须拿出勇气，付出努力、拼搏、奋斗。成功，不相信眼泪；成功，不相信颓废；成功，不相信幻影。未来，要靠自己去打拼！

（此文为2007年第四届全国中等职业学校"文明风采"竞赛"职业生涯设计"获奖作品。作者：北京商业学校李亚超；指导教师：刘冬美）

### ◀ 课程实践 ▶

1. 了解你的父母或其他亲友（1~3位）的职业状况，并填写表格。

| 问　题 | 甲 | 乙 | 丙 |
|---|---|---|---|
| 他们主要做什么工作？ | | | |
| 他们为什么要选择这项工作？ | | | |
| 他们的工作选择合适吗？为什么？ | | | |
| 他们选择工作的经验和教训给我什么启示？ | | | |

2. 列举一个自己曾经设定过的目标，看是否满足选择目标的原则，并思考多大程度上你的目标是可行的、可信的、可控的、可界定的、明确的、属于你自己的、促进成长的以及可量化的。你所设定的目标是否实现了？为什么？并用目标设定的原则加以解释。

3. 根据自己的发展条件，制订自己的阶段目标即近期目标，围绕近期目标对自己的发展条件作补充分析，并以此为依据修改、确定阶段目标的具体内涵。

4. 与同学交流自己设定的职业生涯规划的阶段目标和具体措施，集思广益，并从他人的设计思路中得到启示，修订自己的阶段目标和措施。

# 第四单元

# 职业生涯发展与就业

对中等职业学校的毕业生来说，或许有一部分人有条件自主创业，但相当一部分人可能走的是谋职—就业—创业之路。那么，我国目前的就业形势如何？我们应该如何进行职业选择？重要的是，我们将如何去面对谋职？如何在就业求职中融入创业的思考与准备？

谋职，并非简单地找工作，而是一门艺术。成功与失败，也许就在一瞬间，把握谋职艺术，将证明你是生活的强者。

**案例**

# 一个女孩的谋职经历

蒋小姐毕业于东北的一所非常普通的大学，所学专业是工科类的一个极普通的专业，她在多次奔波于东北各地的人才市场毫无所获后，到北京试试运气。她在电话中毫无信心地告诉职业咨询师，她希望能在北京找一个听起来好听的公司，干什么工作都可以，只要工资不低于1 000元就可以，最好能达到1 500元。她很诚实地告诉职业咨询师，她之所以期望值这么低，关键是她求职时没有什么优势，学校没名气，专业不热门，她本人在校期间没获得过任何先进、奖励或干部职位，连社会实践都没有参加过，唯一的一次家教机会还是同学不愿意去而让给她的。在各地人才市场上，除了往专业对口的公司送个人简历以外，对别的公司她都不知道该和人家说什么。她简历上唯一的一个优势就是在大二时勉强过了英语六级，但她说后来英语又荒废了，连自己的英文简历都写不好，所以外企和进出口类企业她不敢应聘，怕对方采用英语面试。从电话中职业咨询师感觉蒋小姐是个平时没什么主意的女孩，而且胆子小，这样的女孩适合干比较踏实的基础性工作。职业咨询师问她还有什么优点，她说确实没了。职业咨询师又问她平时周围的同学和好朋友都喜欢找她帮忙做什么事（这是判断一个人优势的最好方法），她苦笑着说也就是找她帮忙打印资料一类的苦差事。原来她的中英文录入速度极快，而且精通各种办公软件的使用，几个同学的毕业论文和教师平时的一些文稿以及Powerpoint的制作和打印都是她代劳的。职业咨询师说她这个优点很好，在大学生中是少有的，完全可以以此作为简历的重点来描述。她惊愕地说："你不会是要帮我找个打字员的工作吧？"然后又坚定地说如果有人给她每月2 000元，打字员她也认了。

职业咨询师根据蒋小姐的上述情况为她改写了简历，一页A4纸的中文简历，一页A4纸的英文简历，重点强调了她的汉字录入速度为每分钟120字，曾在一周内为学校录入近千份表格和曾为教师做过数百幅Powerpoint，并被其他教师作为模板广为借鉴，另外强调了她踏实认真的工作作风。

刚拿到职业咨询师完成的简历时，蒋小姐像所有职业咨询师的学生客户一样，对这平淡无奇、只有一页纸的简历表现出极度的不信任。她告诉职业咨询师说她经历了半年多痛苦的求职经历，其他同学都找到工作上班了，她好不容易才在多次参考其他成功求职的同学简历之后，把自己的简历修改成像是有一些社会实践经验的毕业生，原来两页纸的内容自己都嫌少，怎么经职业咨询师这样一改写，自己又回到了默默无闻的学生形象了？职业咨询师告诉蒋小姐：首先，真实永远是简历的第一原则，你给HR经理编故事，就像一个小学生给你编故事一样，说得越多越会露馅，就你这样性格内向的女孩怎么会有推销红酒的经历呢？（有过推销经历的女生，不管她在简历中提不提这段经历，都是同学中最先找到好工作的。同学们可以互相验证一下）你还不如老老实实把你那段做家教的经历写好点，让 HR 经理知道你办事认真踏实。其次，我们在实际面试时，录取的初级职位的人选，有80%～90%都是只有一页纸简历的，因为初级职位录用的就是没什么工作经验的学生，重点是看他的基本技能、专业水平以及性格和追求等与职位要求的匹配，一页纸足以说明问题了。

简历做好后，职业咨询师建议蒋小姐应聘有工程背景的外企行政文秘类职位，但蒋小姐实在没有勇气往外企发简历，最后还是职业咨询师好人做到底，帮她选了几家外企，让蒋小姐通过电子邮件的方式发出。

当蒋小姐接到公司的面试通知时，紧张地给职业咨询师打电话，问她面试的时候该怎么说，职业咨询师告诉她只把简历上的内容准备好就行了，就当是去玩一趟，曾经去过××公司面试本身就是资本了，成不成功无所谓。最后的结果是蒋小姐只经过两轮面试，就成为××公司的××部门秘书。

如果没有职业咨询师事后的解释，蒋小姐始终都不明白她是怎么进入××公司的，因为她看到的是只有顶尖大学的顶尖学生经过 N 轮无情的面试才进入××公司，而她的面试情况是相当狼狈的。HR 经理首先微笑着让她用英语作个自我介绍，她事先倒是把英文简历背下来了，但当时紧张得背了几句就背不下去了。HR 经理并没有为难她，改为用汉语继续面试，谈了谈她的专业，蒋小姐这才找到一点感觉，但由于她平时成绩一般，所以回答得也很表面化，并没有把话题展开，只是问一句答一句而已。接着 HR 经理把话题转到办公技能方面，蒋小姐终于找到了表现的机会，滔滔不绝地把她自己在学校读书期间这方面的经验一一说出。HR 经理很感兴趣地问了她几个问题之后，就起身出去了。一会儿进来一位男士，就是蒋小姐后来的部门经理，他拿了几张英文表格要蒋小姐当场按他的要求录入电脑，蒋小姐一面听这位经理讲解表格上的内容和数据之间的关系，一面行云流水般地完成了录入工作，这位经理表示很满意。

紧接着的第二轮面试，基本上就是 HR 经理向蒋小姐讲解提供的条款，而蒋小姐的表现就是什么都听公司的安排。HR 经理对蒋小姐的唯一要求就是：立即上班。

（来源：http://www.jobbaidu.com）

请你分析：从蒋小姐的求职经历及最终成功的事例，你悟出了什么？认真地想想你都有哪些个性特征，有什么独特技巧或技能。记住，那些与用人单位相匹配的优势，正是你编写自荐材料应该浓墨重彩渲染的地方。

## 第一节　正确认识就业

# 一、职业生涯发展与就业

和学习一样，工作也是人生经历的重要阶段，占据了人生的很大一部分时间，它是人生价值的各种目标和需要得以实现的重要介质。得到职业、走上工作岗位，就是就业。对中职学生来说，就业是对自己受教育程度的综合检验，是对自己适应社会、服务社会的素质和专业技能水平的具体测验，是服务社会、贡献社会、确立自己社会地位的开始。职业影响人生，就业创造机会。那么，面对就业，我们做好准备了吗？

### （一）我国是人口大国，就业压力很大

在我国社会主义市场经济体制下，劳动者被赋予就业的权利和选择职业的自由。由于历史原因，20世纪六七十年代的人口生育高峰，使当前和未来20年劳动年龄人口占总人口的比重维持在65％以上的较高水平。近5年，城乡新增劳动力年均达2 000万人，把离退休等退出劳动力市场情况考虑进来，城镇每年新增劳动力1 000万人，加上需要就业的下岗失业人员和其他人员，每年需要安排就业达2 400万人。而在需求方面，按经济增长保持8％～9％的速度，每年可新增800万～900万个就业岗位，加上补充自然减员，可安排就业1 200万人左右，年度劳动力供求缺口仍在1 200万人左右。特别是农村富余劳动力还有1.2亿人以上。专家预测，未来15年内劳动力的供求总形势是就业压力比预计的要大得多，劳动力供给比预计的也要多得多，就业形势依然严峻。

### （二）广西北部湾经济规划带来的就业机遇

2008年初，国家批准实施《广西北部湾经济区发展规划》，广西北部湾经济区开放开发正式纳入国家发展战略，将建设成为重要的国际区域经济合作区。随着广西北部湾经济区的开放开发和迅速崛起，多区域合作的不断深入，连接多区域的国际通道、交流桥梁、合作平台逐渐形成，广西北部湾经济区对人才的需求量迅速提升。为解决北部湾经济区人才总量不足、整体素质不高、结构分布不合理的问题，广西制定了《广西北部湾经济区 2008～2015年人才发展规划》，提出北部湾经济区未来8年的人才需求和结构。2010年北部湾经济区人才总量达115万人左右，2015年将达到168万人左右。其中石化、林浆纸、能源、钢铁、铝加工、粮油食品加工、海洋产业、高技术

产业、物流和现代服务业等九大重点发展产业的人才需求如下所述。

1. 石化产业。到 2010 年，经济区石化产业的人才需求总量达 17 000～18 000 人，到 2015 年为 24 000～26 000 人。其需求方向主要有化学工程、石油化工专业的石油仓储、运输管理人才，具有化学工程、化学机械、高分子化工等专业背景的石油冶炼工程人才，管道工程、工民建、热能工程、安全管理等专业的本科以上学历的人才。此外，化学工程、化工机械、电气自动化等专业的人才需求量也较大。管理类人才的需求主要是具有化学工程、化工机械专业背景，以及企业管理经验的复合型企业经营管理人才。

2. 林浆纸产业。到 2010 年，经济区林浆纸产业的人才总量约为 2 500 人，到 2015 年约为 3 900 人。人才需求可大致分为造林工程和造纸工程两大类。其中，造林工程主要需求林学、土壤学、育种育苗、造林、病虫害防治的专业人才；造纸工程主要需求林产化工、造纸工程、化学工程、电气自动化等专业的本科以上学历的工程技术人才和相关专业的操作人才，以及造纸、化学工程等专业同时具备企业管理、市场营销能力的复合型人才。

3. 能源产业。到 2010 年，经济区能源产业的人才总量约为 12 800 人，到 2015 年约为 16 100 人。主要需求电力电气工程、电力系统维护、供续电技术、与水电及火电相关的专业技术等专业人才；高级技术工人需求量较大，需求具有丰富的市场运作经验的企业管理人才，需求机械制造与自动化、汽轮机等专业的本科以上学历的检修、维护、试验人才，核物理等专业的特殊人才也较紧缺。

4. 钢铁和铝加工业。所需求的人才主要包括钢铁产业、铝加工业和修（造）船产业的人才。到 2010 年，经济区钢铁及铝加工产业的人才总量约为 51 500 人，到 2015 年人才总量将达到 96 000 人。主要需求材料工程、金属材料热处理、金属材料加工、冶金机械等专业人才，需求冶金材料和工艺冶金装备、自动控制、仪器仪表、化工机械、环保等专业的配套产业人才，以及计算机等专业的信息化人才和市场营销、国际贸易等专业的管理和营销类人才等。

5. 粮油食品等现代农业加工业。到 2010 年，粮油食品等农产品加工业人才总量达到 61 000 人，到 2015 年将达到 85 500 人。其中，粮油加工大型企业主要需求食品加工、饲料工程、化学工程等专业的人才；农产品加工企业人才需求量较大，主要需求具有食品加工、自动控制、农学、畜牧学、企业管理等专业背景的技术、管理人才，具备一定营销经验和网络、具有一定市场开拓能力的营销人才。

6. 海洋产业。海洋产业大致划分为海洋运输与渔业、海洋化工与制药、滨海旅游等产业。2010 年，经济区海洋产业人才需求总量达到 40 700～41 700 人，2015 年要求达到 54 800～55 800 人。其人才需求为海洋运输与渔业需求、交通运输、机械制造、电气工程、机电一体化等专业的人才；海洋化工与制药业主要需求药学、生物化工、精细化工等专业的操作与管理人才，以及相应专业的中层管理和技术人才。

7. 现代服务业。现代服务业主要包括旅游、会展、金融等服务业。到 2010 年，经济区旅游业人才总量约为 98 500 人，会展业人才总量约为 14 000 人，金融业人才总量约为 27 000 人；到 2015 年，旅游业人才总量发展到 123 200 人，会展业人才达到 23 000～28 000 人，金融业人才达到 29 800～31 300 人。其中，旅游业主要需求酒店运营管理、旅游管理和策划等运营管理类人才，急需高级人才和小语种导游；会展业主要需求具有较丰富的国际会展经验的高级会展策划组织、会展现场协调与服务、外语等人才；金融业人才需求以高层次人才为主，网上交易等计算机专业人才需求量增长，投资分析与咨询、风险投资、个人理财咨询等新型金融人才需求量逐年增长。

8. 物流产业。到 2010 年，经济区物流人才总量约为 62 300 人，到 2015 年达到 95 800 人。其人才的需求方向：国际贸易、国际法、外语等专业的外向型人才；港口规划建设与管理、仓储管理、货物运输与代理、物流配送等专业的技术人才；熟悉进出口加工贸易、报关通关的专业人才；展示、展览、交易以及相关咨询代理、技术培训和物流服务等专业人才。

9. 高技术产业。到 2010 年，经济区高技术产业人才总量达 31 300 人，到 2015 年总量达 45 000 人。其人才需求特点：软件及计算机产业需求以网络工程、软件工程以及电子信息工程专业的本科以上学历人才为主，软件开发、电子通信工程、网络开发管理类等专业的人才需求量很大；生物工程主要需求具有生物工程、精细化工等专业本科以上学历的研究、开发和技术人才，以及市场营销、经营管理等经济类人才。

## 二、树立正确的就业观

面对竞争激烈的就业市场，中职生一定要转变思想，树立正确的就业观，先就业后择业再努力创业，顺利完成从学校向工作岗位的过渡。目前尤其要克服一些不正确、不成熟的就业观，树立正确的择业观。要破除自己没有明确目标、一心等待学校安排的思想，树立以适合自身条件为依据，以实现个人人生价值为目标的就业观念；破除学好学差有工作的思想，树立学好技能闯市场、自立竞争求发展的就业观念；破除一次就业一劳永逸，一步到位的旧观念，树立先就业后择业，在竞争中就业的就业观念；破除"一招鲜，吃遍天""一技用终身"的观念，树立综合素质竞争，造就一专多能、一人多技的复合型人才的就业观念；破除"学什么，干什么，非专业对口不干"的思想观念，树立只要从事合法的有酬劳动就是就业的观念。

## 三、掌握职业信息

及时了解和把握就业市场的形势变化，有利于增强职业选择的正确性和主动性。关注市场就业形势，就是要掌握就业市场处于一种什么样的状态，有哪些岗位空缺，有多少数量需求，用人单位择员有哪些要求和特点等，以便根据劳动力市场变化的趋势，适时调整自己的学业目标，尽快找到适合自己发展的职业方向，并在职业知识、技能、经验及素质等方面作好充分准备。

收集职业信息，能使我们增强学习的目的性和自觉性，认清择业形势，转变择业观念。职业信息是择业的基础和依据，因此我们要主动、及时地收集真实可靠、全面适用的职业信息。一般来说，收集职业信息的途径主要有以下七点。

1. 就业服务机构。在政府举办的职业介绍所、职业介绍中心和人才交流中心有许多职业信息，这是获得职业信息的可靠来源。

2. 招聘洽谈会。这是择业者个人与职业需求单位双方直接见面的方式，是短时间内大量收集职业信息的有效渠道。大型的招聘洽谈会有四五百个以上的招聘单位参加，信息量大而且集中。有些洽谈会属于专场招聘性质，包括面向某一行业的招聘会（如机电行业人才招聘会）和面向某类单位的招聘会（如三资企业人才招聘会）。

3. 学校的职业指导部门。许多用人单位直接到学校招聘毕业生，不少学校也与用人单位建立固定的联系。通过学校职业指导部门得到的职业信息，既准确可靠又全面具体。

4. 新闻媒体。许多报纸、杂志、电视台、电台都会刊登或播发招聘广告。从新闻媒体中寻找和收集职业信息是一种很好的方法，不仅信息量大、覆盖面广、所提供的选择机会多，而且节约时间，节省费用。

5. 网络。网络是一种现代科技手段，在国际互联网上建有许多职业网站，为求职者提供了一种效率高、成本低、内容多、时间快的现代信息收集渠道。不仅可以在任一地点非常方便地查询全国各地的招聘信息，而且可以查阅到大量国家和地方的就业政策信息。

6. 向亲友、邻居、校友了解。通过这种方式得到的职业信息既准确迅速，又真实可靠，可作为上述途径的补充。需要注意的是，这种信息存在着提供者个人眼界的局限甚至偏见，也存在信息误差的可能性。

7. 亲自观察。亲自观察是全面了解某种职业和用人单位情况的重要手段。除了参加实习这种切实了解职业信息和体验职业岗位的方法外，到招聘单位参观考察，找人事部门或业务部门的负责人了解情况，也是了解职业信息的一种途径。

## 第二节　求职与应聘

中国求职简历网上曾经登载一篇短文《别让注水的简历毁掉就业机会》，文中说：某医药企业最近面试了一批毕业生，发现部分学生的表现与求职简历中的自我简介有出入。有位学生在简历中写道"曾在寒假社会实践中组织策划过大型活动"，但面试官细问后发现，该学生只是参与过这项活动。据了解，一些诸如学业成绩单、英语四六级证书、计算机等级证书等硬件，由于需要有关部门盖章而无法自行"操作"，被"注水"的部分通常是实践经历、荣誉称号、自我评价等内容。有的学生明明只是普通学生，却自我"提拔"成了班长；有的获得过班级荣誉称号，却"升格"成校级荣誉称号。

一些学生认为，为了脱颖而出，简历"改造"一下情有可原。也有的认为，别人把自己写得很完美，我若不修饰一下，在竞争中不就吃亏了吗？对"注水"简历，用人单位也有办法鉴别真伪。济南某广告公司人力资源部门的有关人士表示，比起那些自我简介，企业招聘时更看重学校盖章的部分，比如成绩单，能够客观真实地反映学生的专业素质。如果企业有意录用某个学生，可以打电话向学校求证他到底是不是任过班长。面试时，往往会针对学生简历上的社会实践经历详细询问，如果某学生只是活动参与者而非组织者，多提几个问题便会露馅。

有关人事专家指出，学生写求职简历可以适度"包装"，但不可"注水"，谎言总有被拆穿的时候。毕业生刚刚踏入社会，信誉是非常重要的，不要让"注水"的简历毁掉就业机会。

在求职过程中，求职者总是希望自己能在众多的竞争者中脱颖而出，希望获得更多选择的机会，而精心准备的求职材料将成为求职者成功应聘的助推器。求职材料是求职者为应聘预先准备的向用人单位提交的自我推荐材料。用人单位的招聘者通过求职材料形成对求职者的最初印象和评价，并决定是否给予其进入下一轮复试的机会。因此，求职者首先要完成求职材料的准备工作。

求职信和个人简历是求职材料中最重要的两个内容，它们在求职中有不同的作用，所以求职者在进行具体的求职活动之前，要撰写好这两种材料。

# 一、求职材料

从现实生活来看，用人单位在初步决定应聘者的取舍时，很大程度上是根据应聘者的材料决定的，因为他们对应聘者尚不了解，可供参考的只有应聘者的求职材料。求职材料可以说是自我推销的工具，是进入职场的"敲门砖"。因此，我们必须十分重视求职材料的准备。

准备求职材料时，要根据求职目标的要求，突出重点，有的放矢。如企业营销职位，一般要求应聘者有营销方面的知识、社会活动能力、百折不挠的性格、吃苦耐劳的精神和良好的口头表达能力。有针对性地准备求职材料，还必须注意突出自己的特点，强化自己的优势。在众多应聘者同时竞争一个职位时，要引起招聘单位的注意，让他们特别关注你。你必须有一些与众不同的地方，特别是当你具有与职位、与招聘单位的相关特长时，应该着重在求职材料中反映出来。

求职材料一般包括求职信、个人简历、相关的凭证等。

### （一）写一封求职信

求职信，是求职者求职愿望的文字表述。用人单位大都通过求职信函了解你的求职愿望和要求。在审阅求职材料时，首先看的往往是求职信。因此，一封好的求职信是吸引用人单位的重要因素之一。如果一个求职者连求职信都写不好，那么就很难找到一份理想的工作。

一般来说，求职信的基本内容应该包括以下几点。

1. 说明求职的信息是从什么地方得到的，表明自己希望从事哪种工作或哪一个职位。因为用人单位往往同时为多个职位招聘人才，如不写清楚申请哪个职位，用人单位难以考虑和回复。

2. 告诉用人单位你对该工作或这个职位如何感兴趣，你有哪方面的专业知识和特长、才能，受过哪些方面的培训和锻炼，有哪些相关的经历，对这项工作有何研究，有哪些方面的成就等。

3. 简单介绍一下自己，写出自己就读学校的名称、所学专业内容、主修和选修的科目、外语水平和计算机操作熟练程度等。

4. 表述自己对申请从事的工作的有利条件，如自己在这方面的兴趣、相关的性格特点、社会关系中对开展这方面工作的便利条件、参加过相关的实习活动、进行过这方面的调查研究、有这方面的工作经验等。

求职信的最后，请求用人单位留意你的求职材料，考虑你的要求，并给予回复等。

求职信要求简洁明了，以500字左右为宜，一般不要超过一页纸。在撰写求职信时要注意以下几点：一是字迹不要潦草，应清楚、工整，给人一种办事认真的印象。二是求职信应该具有针对性，每一份工作，应该认真写好一份求职信，以表示自己对申请这份工作的真诚。如果凡有招聘的单位都去应聘，写好几十份千篇一律的求职信到处投寄，其结果往往是处处落空。因为大多数用人单位对缺乏针对性、内容空洞的求职信不会感兴趣。三是恰到好处地谦虚，若过分谦虚，就不能正确反映出你的成绩和才能。四是注意以情感人。求职信中根据对方的情况和你与对方的关系，以情感人。如果对方单位在你的家乡，你可以在信中充分表达为建设家乡而贡献自己聪明才智的志向；如果对方单位在贫困地区，你就要充分表达为改变贫困地区面貌而奋斗的决心；如果是教学单位，你就要充分表达你想为教育事业作贡献的愿望；如果你是通过亲友、熟人联系的工作单位，你就要动之以情，引发对方共同的情感、共同的友谊、美好的回忆等，总之要设法引起对方的共鸣。五是注意以诚打动人。人们常说"精诚所至，金石为开"，求职也是这样。求职信中的"诚实"，就是要如实地说明你想从事某项工作或应聘某个职位所具备的条件，以及选择这项工作的原因，或是为了发挥专业特长，或是为了照顾家里的老父老母，或者受对方单位的某些优越条件所吸引等。诚实，永远是人们所追求的最美好的品质，更是用人单位衡量求职者的重要标准，只有诚实，人们才会感到你可信可靠。

5. 求职信范例。

尊敬的某先生/小姐：

您好！我欲申请贵公司网站上招聘的软件开发助理工程师职位。贵公司倡导的"干好了再说"的企业文化深深地吸引了我。对照公司软件开发助理工程师职位的具体要求，我相信自己符合贵公司的要求。

今年7月，我将从广西某职业技术学校毕业，专业是软件技术（软件开发方向）。我毕业设计的主题是研究数据库开发。这不仅使我系统地掌握了数据库方面的技术，同时使我对当今数据库开发领域的发展有了深刻的认识。在学习期间，我多次获得各项奖学金，而且我和同学一起设计的参赛作品《××》获得广西区第七届挑战杯高职高专组一等奖。我还担任过班长、团支书，具有很强的组织和协调能力。强烈的事业心和责任感使我能够面对任何困难和挑战。

互联网的出现促进了整个世界的发展。我愿为中国互联网事业和贵公司的发展作出自己的贡献。

感谢您在百忙之中抽出时间阅读我的求职资料。

如有机会与您面谈，我将十分感谢。

此致

敬礼

（签名）

年　月　日

### （二）写好简历

简历，是概括介绍个人情况的文字材料。简历表如同厂家的产品广告向客户作全面介绍，以便于推销。求职者提供个人简历的目的就是介绍自己，推销自己，引起用人单位的注意，以赢得面试机会，进而充分展示自己的才华并获得用人单位的录用。

简历的主要内容包括个人的基本概况、教育状况、工作经历、工作成绩等。

个人的基本情况包括姓名、性别、年龄、民族、出生地、政治面貌、身体状况、职务职称、爱好、特长、家庭住址、通信地址和联系电话等。

受教育状况是指从小学开始到本次求职时所受到的教育和培训等方面的情况。通常在简历表上要反映从什么时间到什么时间，在什么学校或什么培训机构，受到什么内容的教育或培训，成绩如何，取得什么样的学历、学位或技能资格证书等。学历的填写按最高学历到最底学历的顺序填。

对于工作经历和工作成绩，职业学校毕业生大多具有顶岗实习的工作经历，可以介绍自己顶岗实习的经历和成绩。

写简历时应注意的事项：

1. 简明扼要。对于与求职目标有关的情况，要重点突出，而对于其他关系不大的经历可作简单的介绍，也可忽略。整个简历应该简明，使人一看就能了解你的基本情况，切忌杂乱烦琐。

2. 整洁清晰。简历在某种意义上就是你本人的一种代表或象征。因此，简历一定要写得整洁清楚，表现出真实、准确的形象，使你的简历在众多的简历中脱颖而出，富有魅力，引起用人单位的注意。如果你的简历前后不规范，排版无序，条理不清，甚至在文字或标点符号上出现错误，人家就会认为你工作作风不严谨，马马虎虎，肯定会影响面试的质量。

3. 实事求是，坦率真诚。一方面在介绍自己的时候不能拔高，不能有半点虚假的成分、自吹自擂；另一方面也不要有消极的心态。要真实地表现自己，将与求职有关的问题都反映出来，充满信心地争取用人单位的了解，不能在这方面表现出过分的含蓄和谦卑，否则会引起用人单位的误会。

4. 语言要准确，格式要清新美观。一份好的简历一定要在用词上、术语上准确无误，不能有错别字。撰写时要反复修改，斟酌检查，保证没有错漏现象。排版要美观、大方，可以根据需要变化版面的字体和字号，最好通过电脑排版打印。这样一份准确、精美的简历，可以使用人单位对你产生一种工作认真、值得信赖的感觉。

## 个人简历范例

| 个人简介 | | | | | | |
|---|---|---|---|---|---|---|
| 姓　名 | | 性　别 | | 籍　贯 | | 照　片 |
| 学　历 | | 民　族 | | 政治面貌 | | |
| 身　高 | | 健康状况 | | 出生年月 | | |
| 毕业学校 | | | 专　业 | | | |
| 教育经历 | | | | | | |
| 外语水平 | | | | | | |
| 计算机水平 | | | | | | |
| 专业能力 | | | | | | |
| 特长爱好 | | | | | | |
| 发表作品 | | | | | | |
| 曾担任学生干部情况 | | | | | | |
| 自我评价 | | | | | | |
| 联系方式 | 电　话 | | | | | |
| | 地　址 | | | | | |
| | 电子邮箱 | | | | | |
| | QQ号码 | | | | | |

### （三）毕业生推荐表的填写

毕业生推荐表是一张可以让企业快速认识你的"名片"，是可以打动企业的材料，是你多年来努力的见证，代表你的历史和对未来的态度。它不仅记录着毕业生德、智、体、美、劳各方面的详细情况，而且还有学校和老师的评语、意见，是用人单位录用毕业生和了解毕业生十分重要的依据。

毕业生推荐表的格式，不同的学校有不同的内容要求，大体上填表时应注意：

1. 推荐表必须认真、如实填写。

2. 用钢笔填写，字体要工整、整洁，不要涂涂改改。

3. 内容要真实，不要虚假、自夸。

4. 成绩不要涂改（学校教学部门要盖章）。

5. 奖惩。奖励获得时间和获得称号的级别要准确。受纪律处分的同学经过自我检查并改正错误后，应在毕业离校前及时申请解除处分。

6. 家庭主要成员。面对不同的用人单位，职务填写有区别。如到企业，父母是局长、科长等职务的，一律填"职工"即可，因为企业不是招公子哥；如是应聘营销方面的工作那就如实填写，因为这个工作需要有一定的社会关系。如果家里有兄弟姐妹在读书的一定要填上，因为家庭经济困难的学生能吃苦耐劳，珍惜工作机会。

7. 个人生活照。要展示青年人活泼、向上、青春、有活力的精神面貌，避免长发、奇装异服等。

8. 自我鉴定。是对自己在校几年来思想、学习、工作、生活等方面的总结和自我评价。

### （四）求职材料的整理

求职的材料很多，为了能集中反映你的求职愿望和各方面的素质，同时也为了方便用人单位浏览你的求职材料，更好地了解你，应将求职材料按一定的标准和规定进行集中整理。

整理时，求职信和个人简历可以手写也可以打印，倘若你的字迹很漂亮，不妨手写，恰好展示你的特长。其他材料最好用统一规格的纸张复印，如获奖证书、职称或其他技能证书等。然后按求职信、简历表、推荐信或学校毕业生推荐证书表、成绩单、作品或科研成果、社会实践成果目录表、学历证书、技能资格证书和获奖证书以及其他相关材料的顺序装订好。不要忘记，求职材料中一定要附上联系地址和电话号码。

求职材料中是否要附上个人照片，要根据具体情况而定。有的工作如公关、涉外、秘书等比较注重相貌，申请这方面的职位，一般来说应当贴上照片。有的工作如科研、设计、档案管理等，对相貌没有特别的要求，申请这方面的职位时材料一般可以不附照片。若要附上照片，一般应用免冠、正面的全身照。如果是向文艺单位求职，或者谋求的是公关、涉外等方面的职位，那么在发型、衣着打扮等方面可以讲究一点。不同的职业，审美的要求不一样，应根据自己所应聘职业的特点和要求，选择合适的照片。

# 二、求职面试技巧

我们先来看一个事例：1美元创造奇迹。

现代社会要求人们不要沿着自己的思路单线思考，而要立体钻研，全方位思考，灵活地应对生活中的各种复杂情况。

一位刚毕业的女大学生到一家公司应聘财务会计工作，面试时即遭到拒绝，因为她太年轻，公司需要的是有丰富工作经验的资深会计人员。女大学生没有泄气，一再坚持。她对主考官说："请再给我一次机会，让我参加完笔试。"主考官拗不过她，答应了她的请求。结果，她通过了笔试，由人事经理亲自复试。人事经理对这位女大学生颇有好感，因为她的笔试成绩最好。不过，女大学生的话让人事经理有些失望，她说自己没工作过，唯一的经验是在学校管理过学生会财务。公司不愿找一个没有工作经验的人做财务会计。人事经理只好敷衍道："今天就到这里，如有消息我会打电话通知你。"

女大学生从座位上站起来，向人事经理点点头，从口袋里掏出1美元双手递给人事经理："不管是否录用，请都给我打个电话。"

人事经理从未见过这种情况，一下子呆住了。不过他很快回过神来，问："你怎么知道我不给没有录用的人打电话？""您刚才说有消息就打，那言下之意就是没录用就不打了。"人事经理对这个女大学生产生了浓厚的兴趣，问："如果你没被录用，我打电话，你想知道些什么呢？"

"请告诉我，我在什么地方没有达到你们的要求，我在哪方面不够好，我好改进。"

"那1美元……"

没等人事经理说完，女大学生微笑着解释道："给没有被录用的人打电话不属于公司的正常开支，所以由我付电话费，请您一定打。"

人事经理马上微笑着说："请你把1美元收回，我不会回电话了。我现在就正式通知你，你被录用了。"

就这样，女大学生用1美元敲开了机遇大门。

（来源：《读与写·初中生》2006年第8期）

找一份令人满意的工作是每个毕业生都非常渴望的事情。求职是一个充满竞争的过程，而最终的结果在很大程度上取决于求职者在面试中的表现。为此，毕业生应做到面试前充分准备，做到知己知彼；面试中认真表现，充分发挥实力；面试后把握分寸，适时沟通联系。

## （一）面试前的准备

1. 尽可能认识未来的雇主。熟悉可能任职的新公司会加深约谈者的印象，因为你对公司了解越多，表明你对公司及工作越有兴趣。此外，还可以增加你在面谈时的自信。了解公司越多，越能把握自己，应付自如。你应该研究公司的基本资料，查阅商业目录；向周围的朋友、同事、亲属等询问；在网上查询相关资料，寻找公司促销的资料、广告及对外发布的信息，或直接向公司的公共关系部或市场部询问，你必须特别注意有关你本身兴趣、教育或工作经验的问题。

2. 尽可能了解职位。如果你熟悉职务的性质，你将会成为强有力的申请人。值得注意的一点是，为某项特殊职务做好一切准备绝对是正确的，但是你千万不可以将自己局限在某项特殊职务上，而忽略对其他职务的考虑。

3. 预备约谈者的提问及回答要点。当你走进约谈者办公室的大门之前，你必须做好一切准备。尤其是一定要事先练习面谈时可能讨论的问题，仔细分析当你面临棘手问题时应如何回答。例如，你认为你能为公司做些什么？你为什么认为自己适合这份工作？要事先准备好合适的答案（针对不同的公司可以有不同的答案），做到心中有数。一般需准备回答企业面试提出的三个问题：自我介绍；家庭情况；为什么选择这家企业，能不能吃苦。

4. 面谈等于推销自己。你要展示吸引人的外表、整洁大方的衣着，不要认为外表不重要和用人单位在乎的只是你的工作能力。其实，对方很难一开始就发现你的才能，但是你的仪表却能给人留下深刻的印象。这不是一种情绪的反应，而是一件非常现实的事。有位服装杂志主编说："如果一个人连自己的仪表都不知道怎么整理，那么，他在其他方面必然也很笨拙。"

面谈前事先花些时间在衣着整理上，同时把你要应聘的公司性质考虑进去。千万不要到面谈当天早上才决定你的穿着，也不要面谈当天才试新装。

对男同学而言，深色西装适合任何就业面谈，再配上白色长袖衬衣、线条式或简单款式的领带，以及光亮的皮鞋。

女同学的服装比男同学的有更多的选择，但仍以保守为佳，深色套装或夹克和裙子，配上一件端庄的衬衣（请加花边），穿上深色袜以及半高跟的轻便鞋子（不要穿露出脚趾的或鞋跟细高的鞋）。使用棕色或黑色的手提包，将化妆品、履历表等放在里面。穿着要保守，不要穿短裙、颜色粗俗的衣服、低领紧身毛衣、凉鞋、拖鞋等。你不需要把太多的金钱花费在应聘时的着装上，但是你必须穿戴整齐。你的衣服必须干净平整，你的头发必须梳理整齐，皮鞋擦亮，指甲清洁。

5. 随身携带的物品。面谈时，应随身携带哪些物品呢？面谈时，不要只依靠你的记忆力，应随时做笔记。面谈时做笔记可以对各项工作作评估，作为下一次面谈的参考。携带两份履历表，即使你的简历已使你获得面谈机会，约谈者仍有可能收取另一份履历表。准备完整的履历表有两个目的：一是在公司填写申请时，可随时取出作为参考；二是面谈后可直接留给公司。

### （二）面试——跨越成功的门槛

在你做好一切准备后，便可以去面谈。但在面试过程中应注意技巧，要做到诚恳、谦恭，不卑不亢。

1. 求职面试的基本要求。应聘时，要先敲门，关门后鞠躬、问好，然后走到座位前，待主考官说"请坐"后，道谢坐下。环视主考官，微笑。介绍个人基本情况：姓名、年龄、受教育程度、特长、工作经历等，切忌博取同情心、谈论个人感受等。回答问题时勿以"我"为中心，过于自我表现；观点不同时，语气要平和，可发表不同观点，但切忌争论；语言表达要简明、扼要，避免重复、唠叨、偏离主题。

面试结束时，要首先感谢主考官及公司给自己机会，把椅子放回原处，关门前鞠躬，再次表示感谢，随手关门。

应聘后可写信致谢（有提醒对方的作用），一般在应聘后2～3天发出。内容包括致谢、应聘的时间和经过、对工作的信心、期待机会等。简洁地表明自己的兴趣及对工作的信心。

2. 面试的基本方式。主要有两种：一是没有预先计划、"自然发展"的；二是有周详程序的。应付"自然发展"式的面试时，应试者应尽量保持镇定及随机应变。有周详程序的面试通常分为五个阶段。

第一阶段是热身：回答问题要简洁有礼。

第二阶段是查明背景资料：应该利用这个机会突出自己的个性、兴趣、志向、工作经验等。

第三阶段是进入正题：要尽量表示对申请职位的兴趣和诚意，这个阶段的表现对面试成败非常重要。

第四阶段是评论应试者是否适合：所碰到的问题会最难应付，这是决定性的时刻，要靠事前准备和临场的谈吐技巧。

第五阶段是讨论聘用条件：要有技巧，并预先了解行情。对公务员面试而言，这一阶段可以忽略。

3. 面试的时间。通常是几分钟或十几分钟，一般较低职位的都在半小时以内。应试者若是预先了解了面试的过程，不但信心倍增，还可以避免因不知下一步对方会问哪一类问题而惶恐焦虑。没有预先计划的面试即是"自然发展"的，主试者视应试者的反应和表现来发问，如果是由多位主试者主持，则谁都有可能询问任何事项。这种情况通常是主试者比较有经验，或该机构习惯如此；有时由人事经理或领导亲自主持的面试，也会选择这种方式。

4. 求职面试时应特别注意的问题。

（1）适时抵达。你至少应比预定时间早15分钟到达面试地点。即使你已经递交了履历，但当公司要求你填写申请表时，仍应愉快地、完整地填写。因为公司熟悉他们自己的申请表格，可以很快地从表中得到他们想要知道的信息。你不希望获得一份不称心的工作，也不希望因为不遵守规则而受到指责，所以要尽量详细地填写表格。

然后，坐在接待室耐心地等候，直到有人叫你进入约谈者的办公室。当叫到你时，应轻快地站起，面带微笑地迎上前，并且正视对方。然后主动与对方握手，同时说出你的名字。最后让约谈者引导你进入办公室。握手是非常重要的。女同学不要留长指甲。男同学请优雅坚定地握手，但不要使劲弄疼对方。握手礼可以显示你的自信，不可带有攻击性。

（2）善于沟通。有效的沟通包括仔细聆听、清晰表达、用表情及手势来表示你的警觉和兴趣。回答问题时，必须稍作考虑，然后简洁有力地回答。要全面、完整地回答问题，不要简单地回答"是"或者"不是"。对于重要的问题，必须将自己的意思表达清楚，千万不要和约谈者争辩。因为你可能赢了争执却输了工作机会。

如果你在面谈中采取完全被动的态度，而由约谈者掌握话题，你就可能犯了严重的错误。从逻辑上来说，抢得先机，采取主动，询问公司及工作上的问题为上策。提出聪明的问题显示出你比别人更优秀。要主动，但不要企图控制面谈，谈话中趁机提出你的见解和看法。说话时采取坚定自信的语气，不要"哦、啊"个不停。身体略向前倾，说话不急不躁，必要时可用手势，眼睛注视对方，专心聆听会展示你的活力、热心和才能。

面谈中提出的前三个问题称为"热马铃薯"，意思是说这些问题在任何工作面谈中都会出现。如果你事先反复对这三个问题进行练习，相信你会得到很好的工作机会。

一是你对我们有什么价值？这个问题可以解释为你有什么经验，你对某些方面了解多少，你如何处理这件事。

二是你是哪一种人？这个问题可以变为谈谈你自己。你愿意说说你的长处吗？你的休闲活动是什么？

三是你为什么要应聘？

（3）要求工作。你穿戴整齐、准时到达、填妥表格、回答问题、对面谈者提出的否定意见也作了正面反应，在结束之前你还能做什么？当然，你可以要求工作。如果这份工作是你想要的，如果你知道自己够资格，那么就大胆提出要求。这些要求可以用以下话题引出：我对贵公司很感兴趣，因为……我了解你们的需要……我能为你们效劳，因为……我喜欢这个工作……我应该可以提高这项工作的效率……

### （三）面试结束，求职未完

有些人认为，面试一结束，应聘就已结束了，求职者就可以什么都不做只等待聘用通知到来。其实不然，面试结束后应聘者还有很多重要的事情要做。

1. 表示感谢。面试结束后两三天应聘者最好给招聘人员打个电话或写封信表示谢意，感谢他（她）在面试过程中对自己的教益。这些举动能体现良好的个人修养，也可以加深主考官对应聘者的良好印象，增加求职成功的可能性。当然，电话致谢时语句要简短，一般不要超过 4 分钟。感谢信也要简洁，最好不超过一页。在感谢电话或感谢信中应提及自己的姓名及简单情况，并提及面试时间，同时对主考官表示感谢。有必要的话也可再次强调对该单位相应职位非常感兴趣。最后可以表示你对自己能符合公司要求的信心，愿意提供更多的材料。

2. 耐心等待面试结果。一般情况下，面试结束后，用人单位都要进行研究或讨论，然后送人事部门汇总，最后确定录用人选。这一过程短则 3～5 天，长则半个月。求职者在这段时间内不要过早打电话询问录取结果，一定要耐心等候消息，千万不能心急。如果老是频繁地打电话或上门询问，只会招人嫌。一般来说，如果在面试两周后或在主考官许诺的通知时间过后还没有收到对方的答复，就应该写信或打电话给招聘单位或主考官，询问是否已作出了录用决定。

3. 调整心态，振作精神，为下一个目标而集中精力。面试只是完成了求职的一个阶段，求职是一个双向选择的过程，单位可以挑选应聘者，应聘者也可以挑选单位。一般来说，求职者会同时向几家单位求职，所以在一次面试之后，就应该马上调整心态，振作精神，全身心投入第二家单位的面试，因为在没有录取之前，还不算成功，不应放弃其他机会。应聘中不可能个个都是成功者，万一在竞争中失败了，也不要气馁。这一次失败了，还有下一次，就业机会不止一个，关键是必须总结经验教训，找出失败的原因，并改进这些不足，重新调整自己的思维方式，"吃一堑，长一智"，全力争取下一次机会。

# 三、中职毕业生常见的面试错误

在求职面试中，同学们常常会犯一些错误，这些错误有时会直接导致面试失败。因此，应注意避免。面试中常见的失误主要有以下方面。

### （一）不善于打破沉默

面试开始时，应试者不善于打破沉默，而等待面试官打开话匣。面试中，应试者又出于种种顾虑，不愿主动说话，结果使面试出现冷场。即便能勉强打破沉默，语音语调亦极其生硬，使场面更显尴尬。实际上，无论是面试前或面试中，面试者主动致意与交谈，会留给面试官热情和善于与人交谈的良好印象。

### （二）慷慨陈词，却举不出例子

应试者大谈个人成就、特长、技能时，聪明的面试官一旦反问"能举一两个例子吗"，应试者便无言应对。而面试官恰恰认为：事实胜于雄辩。在面试中，应试者要想以其所谓的沟通能力、解决问题的能力、团队合作能力、领导能力等取信于人，唯有举出实例。

### （三）不善于提问

有些人在不该提问时提问，如面试中打断面试官的谈话而提问。也有些人面试前对提问没有作好准备，轮到有机会提问时不知说什么好。而事实上，一个好的提问胜过简历中的无数笔墨，会让面试官刮目相看。

### （四）对个人职业发展计划模糊

对个人的职业发展计划，很多人只有目标，没有思路。比如当问及"你未来5年事业发展计划如何"时，很多人都会回答说"我希望5年之内做到全国销售总监一职"。如果面试官接着问"为什么"时，应试者常常会觉得莫名其妙。其实，任何一个具体的职业发展目标，都离不开你对个人目前技能的评估以及你为胜任职业目标所需拟定的技能发展计划。

### （五）假扮完美

面试官常常会问：你性格上有什么弱点？你在事业上受过挫折吗？有人会毫不犹豫地回答：没有。其实这种回答常常是对自己的不负责任。没有人没弱点，没有人没受过挫折。只有充分地认识到自身的弱点，也只有正确地认识自己所受过的挫折，才能塑造真正成熟的人格。

### （六）不知如何收场

很多求职应试者面试结束时，因成功的兴奋或失败的恐惧，会语无伦次，手足无措。其实，面试结束时，作为应试者，你不妨表达你对应聘职位的理解，充满热情地告诉面试者你对此职位感兴趣，并询问下一步是什么，最后面带微笑地感谢面试官的接待及对你的考虑。

## 四、求职中的陷阱及防范

就业市场存在着不少欺诈现象，我们在求职时，除了展示自己的从业技能以外，还要擦亮眼睛，识别招聘过程中的种种陷阱，以维护自己的合法权益。

### （一）招聘广告中的陷阱

招聘广告是我们获得就业信息的主要来源，但现实生活中有些招聘广告是虚假的，表现为以下方面。

1. 过期或虚构的职位空缺。有少数职业顾问公司为壮大声势，在职位推介中刊登一些已过期的招聘信息，而所报的薪金亦可能与真实情况有异。

2. 头衔修饰。一些公司为了提高入职要求，或吸引较高学历的应聘者，将职务头衔修饰得很漂亮，例如将保险推销员修饰成财政计划者。

3. 开出极具诱惑力的酬薪，是吸引对行业无知者的常见手段。

4. 同一公司长年累月在报上刊登广告，仿佛永远招不到合适员工。请注意，这可能是某些公司为测试市场动态、人力资源流动情况的一种招数。

5. 保证年薪在多少以上的字眼，通常出现在以提成为主要收入的行业，最后是否能实现，需要视你的表现及能力而定。

6. 附加"急聘""大量求聘"的字眼，表面求贤若渴，实则超员招聘，短期内再择优汰劣，"剥削"试用期劳动力。

7. 在一大堆优厚的条件下，需要收取报名费或押金。

对于招聘广告中的陷阱，可从以下几个方面防范：明察暗访公司实力，如果总经理的工资很低，你就不要相信所谓的"高薪聘请"；观察一段时期内的招聘广告，对出现频率过高的单位，不要付出太多心力，也不要抱太大的期望；如果招聘单位要收取押金、报名费、风险费等，最好不要受其诱惑。

### （二）应聘作品的陷阱

招聘活动中有一些"问题公司"，虚张声势招聘人才，实际上是打着招聘的幌子攫取应聘者在面试、实习中的创造成果，应聘者由于疏忽大意而交出了自己的创作，却无法取证那就是自己的作品，只能是哑巴吃黄连——有苦说不出。

搞广告设计的小周在网上看到某广告公司欲招聘策划人才，便抱着试一试的心态寄出了个人简历和求职信，很快他就收到对方的回复。回函中，对方要小周完成几份广告创意，并表示如果设计令公司满意，即可录用。没想到，小周挖空心思完成广告策划试题并寄去给该公司后，对方再也不回复了，打电话询问，对方也一再推三推四。事后，小周听一些同学说，他们也被该公司"宰"了一刀，从没见该公司录取过谁。后来从公司内部探知，其实该公司根本就不想网罗人才，只是想网罗创意。小周和同学的创意"集体失窃"了。

影视专业毕业的小俞特别郁闷。她花两个半月的时间，以每月800元的实习工资，为一家公司设计了许多电影片头的三维动画，希望能成为这家公司的正式员工。可当她上交了自己的得意之作后，公司马上换了一副嘴脸，用种种理由把她拒之门外。

某电子学院的毕业生小李也有类似的遭遇。他在应聘一家软件公司时，对方要求他设计一套平面软件，完成之后再决定是否录用。因为这家公司开出的待遇非常吸引人，小李想都没想就撸起袖子干上了。可对方拿到他花了半个学期设计的软件后就杳无音讯，更别提报酬了，小李欲哭无泪。

这类陷阱其实是对应聘者的侵权。防范对策是在提交作品时，与招聘单位以书面协议约定作品的处理。

### （三）劳动合同的陷阱

一些用人单位利用求职者缺乏经验、不熟悉劳动法以及粗心大意等弱点，有意无意地不与求职者签订书面合同，或者签订一些不利于求职者的合同，以致求职者掉入陷阱，无法做到自我保护。

劳动合同的陷阱主要有合同条款残缺不全、合同条款词语含糊、在合同中增加不合理或不平等的条款、将违背法律法规的内容作为厂纪厂规写进合同等。

合同陷阱的防范重在掌握法律。中职生要认真学习和掌握《劳动法》《劳动合同法》以及有关的法律法规，增强依法就业的意识，学会运用法律武器保护自己的劳动权利和各项合法权益。逐条弄清其含义，特别是对一些统一打印好的合同，切忌以为"人人都签同样的合同"而贸然签订。

### ◀ 课程实践 ▶

1. 阅读与思考。

面试时应预料的几个问题，你能答对几个？下面列出的也许不是你所期待的所有问题。但至少有五个问题在任何面试中会被问起，也许问话的形式有所不同。

（1）你能给我谈谈你自己的情况吗？

这个问题很受欢迎。表面上，这是个很大方的邀请性问题，而实际上如果你没准备，会无目的地详谈自己的经历。但是从哪儿开始，又到哪儿结束呢？最好将这个问题定格在"我的哪些方面与您和公司的需求息息相关"，然后据此作出回答。

（2）你对我们有哪些了解？

尽可能深入地了解目标公司，因为这一问题没有现成的答案。如果你没有进行任何研究，作不出任何回答，那就别指望得到这份工作。相反，如果你进行了调查，就会让你赢得这次机会。一无所知无论如何都是不可原谅的。

（3）你有哪些经历？

这是你在面试时脱颖而出的又一个机会。如果在面试前的调查中你已发现该公司正在某些方面全力开拓，而且这些方面恰巧与你的专业领域或申请的具体工作相近，那么就用实际事例大胆地说出你的资格和相关的经历。你还可以通过提问题的方式来使对方进一步了解他们所关注的方面。试问"您希望了解全面的经历还是您感兴趣的某个具体方面的经历"，这不会被考官认为是企图避而不答，只会把你看成心思缜密、善于观察和具有分析能力的求职者。

（4）你希望得到的工资是多少？

当对方决定录取你时一定会问这个问题。你一定要记住，千万不要说具体数字。这个数字只能是你心中的秘密，不能在这个场合说出。因为不管你说多或说少，都会对你产生不利的影响。所以要尽可能地回避，尽管你对薪水问题很关心。当然，避免由自己首先提出薪水问题还是相对容易的。不过，如果对方先问你希望得到多少薪水，下面提供给你一些拖延性的答复。

"这一职位认可的薪水范围是多少？"

"我希望得到与我的资格和能力相当的薪水。您打算付多少工资？"

"假如有人具备了跟我一样的资格，您考虑给他多少工资？"

永远不要首先由自己提出薪水问题，更不要说出薪水数额。

（5）你对干这项工作有什么期望？

这个问题要在头脑里琢磨。你也许想多赚点钱，想实现自身的价值，或者为了交通方便……无论什么都无可厚非，但对对方要只字不提。回答时你可用上"贡献""增进""提高"等字眼，如：

"在企业里，我明白了一个人可以为公司作出很大贡献"；

"我期待着能为贵公司作出更大贡献"；

"这项工作能给我带来最大的快乐"。

（6）我为什么应该聘用你？

"因为我需要这份工作。"大错特错！

"因为您的公司需要我这样的人。"也不妥。你的回答可以重复对方在面试过程中列举的工作要求，也可以有针对性地逐项逐条地说明你的技术、能力和资历。

（7）你认为你在学生时代学到了什么？

这是个封闭式的问题，但你一定要用开放的方式回答。对大学时期的理论基础学习的重要性要给予肯定，注意强调你的应用型和技能型的特长，突出自己的社会实践。

（8）你有过打工经验或做过兼职吗？感觉如何？

对这个问题，如果回答"没有"，你就输了；如果回答"有"，你应该接着就自己深有体会的几个要点展开谈谈感受，例如：

"说任何话都要守信，做任何事都要持之以恒"。

"与人良好的沟通"。

"团队合作是工作成功的重要因素"。

2. 案例分析。

35岁的下岗女工A前往某大宾馆应聘保安员岗位，以下是A与宾馆人事部经理对话的片段。

经理：你为什么喜欢到我们宾馆工作？

A：贵宾馆是国内外知名的五星级宾馆，有豪华的建筑、一流的设施、幽雅的环境……能有幸在这样的环境中工作，一定令人赏心悦目、心情舒畅。当然，贵宾馆吸引我的还有优厚的待遇。我原先工作的企业由于经营不善，已经倒闭，我被迫下岗，生活拮据，何况还要负担在重点中学住读的女儿的生活与教育费用，所以我很希望找到收入较高的工作。

经理：这次我们招聘的岗位有大堂经理、公关助理，餐饮、客房部领班、服务员等，你为何选择保安员这个岗位？

A：我知道贵宾馆用人的标准十分严格。您所说的那些岗位我觉得都不错，但是我已经失去年龄上的优势，也没有相关的工作经验，自知缺乏竞争能力。我倒觉得自己比较适合保安员工作，因为我在原单位曾担任过保卫科干事，熟悉保安工作的规律与特点。虽然责任重大，但富有挑战性，很适合我的性格。

经理：我们宾馆保安部一向只招男性员工，不知道女同胞是否合适？

A：我想，既然宾馆是为男女老幼各种人等服务，总也有用得着女保安的地方。何况女性善于察言观色，第六感觉特棒。您知道"麦考尔警官"比"亨特"可细心多了。我原先在保卫科工作时，受过一些专门训练，学过擒拿格斗的基本技巧，而且业余还学过柔道。经理先生，您没发现我的体格很健壮吗？

请你分析，应聘者的应答好在哪里，对你有什么启发。

3. 情景模拟：应聘与招聘。

（1）情境：模拟招聘现场，按照明文规定的条件，双方有可能达成一致。

学生每三人一组分组，如果最后剩一人，就与老师配对（不设观察者）；如果剩两人，老师就加入这一组。

（2）角色分工。

一人为招聘者，要求：①严格坚持招聘标准，设法拒绝录用；②对应聘者百般挑剔；③一旦愿意招聘，也要最大限度地降低工资福利待遇；④尽可能隐瞒公司内情，尤其是劣势。

一人为应聘者，要求：①尽可能全面、细致、深入地了解招聘标准；②最大限度地表明自己的优势；③最大限度地提高任职条件；④尽可能地了解公司内情，尤其是劣势。

一人为观察者，要求：仔细观察应聘者和招聘者的表情与言谈，并就以上四方面，分别对应聘者和招聘者打分。

（3）步骤：选择一个大教室或一片空地，三人一组选好各自的活动地点；三人分别扮演三种角色，时间为20分钟；轮换角色重复以上过程，直到三人都扮演过三种角色；每个小组就三份观察记录展开讨论，判断评分是否合理，必要时作出调整。

4. 实战准备。

请你根据自己的优势及最心仪的就业预测，有针对性地编写一套求职自荐材料。

# 第五单元

# 职业生涯发展与创业

创业是人生职业生涯规划的一个重要选择，自主创业是职业学校学生实现人生理想的最佳选择，也是体现和发挥创造能力的最好形式。

创业是一种人生观念，它能告诉我们生活的真正意义。

创业是一种生命挑战，它能激发我们身体内的各种能量。

创业之路是艰辛的，但成功的硕果无比甘美。

**案例**

## 在创业中就业，在就业中创业

小陆是某职业技术学校模具专业的学生，2006 年毕业工作了几个月后，她就在英德市黎溪镇创办了一间汽车维修厂，自己当起了老板，现在经营得有模有样。

近日，广东清远市华南职业培训学院进行了毕业生就业意向问卷调查，其中最能代表全校毕业生就业意向的数控专业(1)班的调查结果显示，职业学校的学生创业意识较强。对"你有没有打算自己创业？"的回答，在全班 45 位学生中，选择"没有打算"的学生只有 2 人。

很多职业学校都鼓励学生自谋职业和创业。现在的毕业生掌握了一技之长，并且年轻而富有冒险精神，敢闯，不怕失败，因此如果有创业的条件，当然会选择出来"搏一搏"，再加上现的创业大环境也慢慢形成，社会上启动了创业激励机制和创业教育，各类创业大赛竞相举办。自主创业是生存的需要、发展的需要和社会进步的需要。职业学校的创业教育是以提高学生自我创业能力为目的，以使更多的谋业者变成职业岗位的创造者。

创业最缺乏的是资金和经验。清远市华南职业培训学院的学生温小亮一直都有创业的打算，他很想毕业后开一间五金加工厂，项目想好了，但是却苦于没有资金。实践经验和人际关系也比较欠缺。接受采访的绝大多数职业学校的学生都认为，创业最缺乏的是项目、资金以及实践经验。在清远市华南职业培训学院数控专业(1)班的调查结果中，选择"有创业打算，但还没有找到合适的项目"的学生有 18 人，选择"有创业打算，但缺乏资金"的学生有 7 人。可见"创业项目""经济基础"等是困扰中职毕业生创业的难题。此外，很多毕业生表示目前的创业环境很一般。

某职业技术学校就业指导中心的一位主任分析说，虽然现在职业学校的创业教育有所加强，毕业生创业意识有所增强，但是毕业生的创业项目意向还比较模糊，基本功也比较缺乏，社会对毕业生的创业行为的有效支持和帮助体系还未建立完善，"中职生创业的大环境仍不够成熟，各种配套措施仍不完善，启动资金不足，注册、税收手续的繁杂，使一些创业者望而却步"。因此从现实情况来看，中职生虽在心理上认同创业，但毕业后马上能创业的毕竟还是少数。

"这是因为学生刚刚走出校门，年龄较小的同时，还面临创业资金缺乏、社会经验不足等问题。"一所招聘单位的老总也如是分析。

"在就业中创业"，大家对这一观念的认同率很高。职业学校毕业生大都认为应该通过在所在单位的实践积累经验，尽快调整自己的期望值，在工作中有意识地积累经验和发展人际关系网，找准自己将来的定位，作好自己的职业生涯规划，为自主创业做好准备。

（来源：http://www.qyrb.com/20080108）

# 第一节　创业是一种人生挑战

## 一、中职毕业生：创业你能行

说起创业，职业学校的毕业生往往认为自己学历不高，技术不强，不适合创业；社会上也有不少人认为只有高学历、高智商的人才可能创业；没有技术、资金，创业是不可能的……这些观念，其实是误区，无数成功创业者的经历证明，创业不唯学历论，不唯技术论，也不唯资金论。什么人可以创业，主要看他是否具备创业的素质。

创业是极具挑战性的社会活动，是对创业者自身智慧、能力、气魄、胆识的全方位考验。一个人要想获得创业的成功，必须具备基本的创业素质。基本的创业素质包括创业意识、创业心理品质、创业精神、合作意识、创业能力。

这里有一份资料，选自《中国创业者需要具备的十大素质》（有删节）一文，希望对你有所启发。

《科学投资》通过对上千个案例的研究，发现成功创业者具有多种共同的特性，从中提炼出最为明显同时也是最为重要的 10 种，并将其称为"中国创业者十大素质"。

（一）欲望

"欲"，实际上就是一种生活目标，一种人生理想。创业者的欲望是不安分的，是高于现实的，需要踮起脚才能够得着，有的时候需要跳起来才能够得着。上海文峰国际集团老板陈名浩，是一个 40 多岁的男人。1995 年，他带着 20 万元来到上海，从一家小小的美容店做起，到现在已经在上海拥有了 30 多家大型美容院、1 家生物制药厂、1 家化妆品厂和 1 所美容美发职业培训学校，并在全国建立了 300 多家连锁加盟店，成立了文峰国际集团，个人资产超过亿元。陈浩有一句话："一个人的梦想有多大，他的事业就会有多大。"

（二）忍耐

"艰难困苦，玉汝于成""筚路蓝缕"，意思都是说创业不易。俞敏洪是国内英语培训的头牌学校——新东方的创始人。对俞敏洪的创业经历，《中国青年报》记者卢跃刚在《东方马车——从北大到新东方的传奇》中有详细的记录。其中令人印象最深的是对俞敏洪一次醉酒经历的描述：

"他兜里揣着 3 000 元钱，走进香港美食城。在中关村十几年，他第一次走进这么好的饭店。他在这种场面交流有问题，一是他那口带江阴口音的普通话，别别扭扭，跟北京警察对不上牙口；二是找不着话说。为了掩盖自己内心的尴尬和恐惧，酒席上他不但劝别人喝酒，自己还先喝。不会说话，只会喝酒。因为不从容，光喝酒不吃菜，喝着喝着，俞敏洪失去了知觉，钻到桌子底下去了。"

"老师和警察把他送到医院，抢救了两个半小时才活过来。医生说，换一般人，喝成这样，回不来了。俞敏洪喝了一瓶半的高度'五粮液'，差点喝死。"

"他醒过来喊的第一句话是'我不干了！'学校的人背他回家的路上，一个多小时，他一边哭，一边撕心裂肺地喊着：'我不干了！再也不干了！把学校关了！把学校关了！我不干了！……'他不停地喊，喊得周围的人发憷。哭够了，喊累了，睡着了，睡醒了，酒醒了，晚上7点还有课，又像往常一样，背上包包上课去了。他说：'那时，我感到特别痛苦，特别无助，四面漏风的破办公室，没有生源，没有老师，没有能力应付社会上的事情，同学都在国外，自己正在干着一个没有希望的事业……'"

对一般人来说，忍耐是一种美德，对创业者来说，忍耐却是必须具备的品格。老话说"吃得菜根，百事可做"，对创业者来说，肉体上的折磨算不了什么，精神上的折磨才是致命的。如果有心自己创业，一定要先在心里问一问自己，面对从肉体到精神上的折磨，你有没有那种宠辱不惊的"定力"与"精神力"？如果没有，那么一定要小心。对有些人来说，一辈子给别人打工，做一个打工仔，是一种更合适的选择。

（三）眼界

《科学投资》研究了上千个创业案例，其中亲自走访的创业者不下数百人，发现这些创业者的创业思路有几个共同点。

第一，职业。俗话说不熟不做，从原来所从事的职业下海，对行业的运作规律、技术、管理都非常熟悉，关系、市场也熟悉，这样的创业活动成功的概率很大。这是最常见的一种创业思路的来源。

第二，阅读，包括书、报纸、杂志等。比亚迪公司总裁王传福的创业灵感来自于《国际电池行业动态》——一份简报似的东西。1993年的一天，王传福在《国际电池行业动态》上读到，日本宣布本土将不再生产镍镉电池。王传福立刻意识到这将引发镍镉电池生产基地的国际大转移，自己创业的机会来了。果然，随后的几年，王传福利用日本企业撤出留下的市场空隙，加上自己原先在电池行业多年的技术和人脉基础，做得顺风顺水，财富迅速积累，他在2002年进入了《福布斯》中国富豪榜。另一位财富英雄郑永刚，据说将企业做起来后，已经不太过问企业的事情，每天大多时间都花在读书、看报、思考企业战略上面。很多人将读书与休闲等同，对创业者来说，阅读就是工作，是工作的一部分，一定要有这样的意识。

第三，行路。俗话说，"读万卷书，行万里路"。行路，四处走走看看，是开阔眼界的好方法。《福布斯》中国富豪里面少有的女富豪沈爱琴说，自己最喜欢的就是出国。出国不是为了玩，而是去增长见识，更好地领导企业。

行路意味着什么？或者换句话说，眼界意味着什么？如果你是一个创业者，开阔的眼界意味着你不但可以在创业伊始有一个比别人更好的起步，有时候它甚至可以挽救你和你的企业的命运。眼界的作用，不仅表现在创业者的创业之初，还会一直贯穿于创业者的整个创业历程。"一个人的心胸有多广，他的世界就会有多大"，我们也可以说，"一个创业者的眼界有多宽，他的事业也就会有多大"。

第四，交友。很多创业者最初的创业主意是在朋友的启发下产生的，或干脆就是由朋友直接提出的。所以，这些人在创业成功后，都会更加积极地保持与从前的朋友联系，并且广交天下友，不断地开拓自己的社交圈子。

（四）明势

明势的意思分两层。作为一个创业者，一要明势，二要明事。我们先来说明势。势，就是趋向。做过期货的人都知道，要想赚钱，关键是要做对方向，这个方向就是势。比如说，大势向空，你偏做多；或者大势利多，你偏做空，你不赔钱谁赔钱！反过来说，你就是不想赚钱都难。

明势的另一层含义，就是明事，一个创业者要懂得人情事理。老话说："世事洞明皆学问，人情练达即文章。"创业的首要目的是为了合理合法地赚钱，不是为了改造社会。

创业是一种在夹缝里求生存的活动，尤其处于社会转轨时期，各项制度、法律环境还不十分健全，创业者只有先顺应社会，才能在创业中取得成功。很多原先很牛气的外资企业，认为本地人才这样不行、那样不行，只有外来和尚才能念好经，但现在也都认识到了人才本地化的重要。人才为什么要本地化？因为本地的人才更熟悉本地的情况，能够按照"本地的规矩"做事，也就是说更能入乡随俗。创业者一定要明势，不但要明政事、商事，还要明世事、人事，这应该是一个创业者的基本素质。

（五）敏感

创业者的敏感，是对外界变化的敏感，尤其是对商业机会的快速反应。

一些人的商业敏感来自耳朵，一些人的商业敏感来自眼睛，还有一些人的商业敏感来自他自己的两条腿。北京人都很熟悉什刹海边那些拉洋车的，黑红两色的装饰，非常显眼。这些人都是一个叫徐勇的年轻人的部下。1990年，爱好摄影的徐勇出版了一本名叫《胡同101像》的摄影集，对中国民俗感兴趣的外国朋友看到这本影集，就开始请徐勇带自己去胡同参观，讲解胡同文化历史。徐勇立刻就意识到这里面有商机。不久他的以北京"坐三轮逛胡同"为主题的旅游公司办了起来。当初徐勇将自己的想法告诉朋友和家人的时候，几乎遭到了所有人的一致反对，北京可看的东西太多了，故宫、长城、颐和园……哪一个不比胡同更吸引人，有多少到北京来的人会有兴趣去看那破破烂烂的胡同，北京本地人更不会有兴趣。政府有关部门当时也不看好他的主意。现在，徐勇的"胡同游"却日进斗金，让所有人大跌眼镜。

有些人的商业感觉是天生的，如胡雪岩；而更多人的商业感觉则依靠后天培养。如果你有心做一个商人，你就应该注重训练自己的商业感觉。良好的商业感觉，是创业成功的保证。

（六）人脉

创业不是引"无源之水"，栽"无本之木"。每一个人创业，都必然有其依凭的条件，也就是其拥有的资源。一个创业者的素质如何，看一看其建立和拓展资源的能力就可以知道。

创业者资源可分为外部资源和内部资源两种。内部资源主要是创业者个人的能力、其所占有的生产资料及知识技能，也就是人们通常所说的有形资产和无形资产，只不过这种有形资产和无形资产属个人罢了。创业者的家族资源也可以看做是创业者内部资源的一部分。

创业者人际资源，按其重要性来看，第一是同学资源，第二是职业资源，第三是朋友资源。《科学投资》认为，人际交往能力应列在创业者素质的第一位。

（七）谋略

创业是一个斗体力的活动，更是一个斗心力的活动。创业者的智谋，将在很大程度上决定其创业的成败。尤其是在目前产品日益同质化、市场有限、竞争激烈的情况下，创业者不但要能够守正，更要有能力出奇。

谋略，说白了就是一种思维的方式，一种处理问题和解决问题的方法。对于创业者来说，智慧是不分等级的，它没有好坏、高明不高明的区别，只有好用不好用、适用不适用的问题。当年谢圣明带着"红桃K"的一拨人，在农村的猪圈、厕所的外墙上大刷广告时，遭到了多少人的嘲笑。如今的谢圣明已经成为亿万富翁，而当年那些嘲笑他的人，当年怎样贫穷，如今依然怎样贫穷。我们把创业者的智慧归纳为：不拘一格，出奇制胜。作为创业者，你的思维是否至今依然因循守旧？

（八）胆量

《科学投资》在研究中发现，大凡成功人士都有某种程度的赌性，企业界人士犹然。史玉柱的赌性大家都知道。当年在深圳开发M—6401桌面排版印刷系统时，史玉柱的身上只剩下4 000元，他却向《计算机世界》定下了一个8 400元的广告版面，唯一的要求就是先登广告后付钱。他的期限只有15天，前12天他都分文未进，第13天他收到了3笔汇款，总共是15 820元，4个月以后，他赚到了10万元。史玉柱将这10万元又全部投入做广告，4个月后，史玉柱成了百万富翁。这个故事如今为人们津津乐道，但是想一想，要是当时15天过去了，史玉柱收来的钱不够付广告费呢？要是之后《计算机世界》再在报纸上发一个向史玉柱的讨债声明呢？如果这样我们大概永远也不会看到一个轰轰烈烈的史玉柱和一个赌性十足的史玉柱了。

（九）与他人分享的愿望

作为创业者，一定要懂得与他人分享。一个不懂得与他人分享的创业者，不可能将事业做大。

郭凡生的慧聪公司年产值早已超过亿元，在现代化的写字楼里拥有了上千平方米的办公面积，在全国各地还有数十家分公司。郭凡生懂得与众人分享。慧聪公司是

1991 年创立的，1992 年公司的章程里已经写入了劳动股份制的内容。学经济出身的郭凡生这样解释他的劳动股份制："我们规定，慧聪公司的一般员工分红不得超过企业总额的 10%，董事分红不得超过企业总额的 30%。当时我在公司占有 50% 的股份，整个董事会占有的股份在 70% 以上，有 20% 是准备股。但是连续 8 年，慧聪把 70% 以上的现金分红分给了公司那些不持股的职工，而我们这些董事规定得很清楚，谁离开公司，本金退还，不许持股。所以我们这些公司总裁、副总裁，参与的也是知识分红。慧聪早在 1992 年初创的时候，就确立了按知识分配为主的分配方式。"据说郭凡生第一次给员工分红的时候，有一位员工一下分到了 3 000 多元。那是 20 世纪 90 年代初，3 000元可是一大笔钱。这位员工以为公司搞错了，不相信世界上竟然会有"这样大方的老板"，拿到钱后连夜跑掉了。

分享不是慷慨，对创业者来说，分享是明智。

（十）自我反省的能力

1992 年 9 月 3 日，万通公司成立一周年纪念日，冯仑将这一天确立为万通"反省日"。他说："一直到现在，每年一到公司纪念日，我们都要检讨自己。"

反省其实是一种学习能力。既然创业是一个不断摸索的过程，创业者就难免在此过程中犯错误。反省，正是认识错误、改正错误的前提。对创业者来说，反省的过程，就是学习的过程。有没有自我反省的能力，具不具备自我反省的精神，决定了创业者能不能认识到自己所犯的错误，能不能改正所犯的错误，是否能够不断地学到新东西。

在《科学投资》研究的上千个创业案例中，成功者有一个共同之处，就是都非常善于学习，非常勇于进行自我反省。高德康是江苏常熟白茆镇山泾村的一个农民。高德康曾经这样描述他的创业经历，那时候他做裁缝，组织了一个缝纫组，靠给上海一家服装厂加工服装赚钱，每天要从村里往返上海购买原料，递送成品。后来他的事业做大了，波司登已经成为中国羽绒服第一品牌，他自己也变成了亿万富翁了，却仍然常常睡不着觉。高德康总是在反省自己，为了一些想不明白的问题，他还特意跑到北大、清华上了一年学。他说："我经常在听人家讲，听了以后抓住要害，再在实践中去检验，到最后看结果，看到底是不是真的。"高德康只有小学文化，而他现在最大的爱好竟然是看书。他说："时间再紧张，学习也不能马虎。平时很少有时间去看书，有的时候在飞机上看看。在这种学习时间很少的情况下，每个月一定要集中学习 3 天时间，把自己的思路理顺。作为一个领导来说，不一定整天忙得不得了的领导就是好领导，你必须把思路理顺，以一种思维的状态来考虑这个企业的发展。"

曾子说："吾日三省吾身。"对创业者来说，问题不是一日三省吾身、四省吾身，而是应该时时刻刻警醒、反省自己，唯有如此，才能时刻保持清醒。

《科学投资》将自我反省的能力放在创业者十大素质的最后一项，并不意味着我们认为它是最不重要的一项。相反，我们认为创业者需要的是综合素质，每一项素质都很重要，不可偏废。缺少哪一项素质，将来都必然影响事业的发展。有些素质是天生的，但大多数可以通过后天的努力而改善。如果你能够从现在做起，时时惕厉，培养自己的素质，你的创业成功一定指日可待。

综上可见，创业的必备条件是创业素质，而不是学历、技术。从这个意义上说，职业学校毕业生创业，你能行。当然，重要的是，一个未来的创业者，不仅要注意在环境和教育的双重影响下培养自己的创业素质，而且要重视其整体结构的优化，在创业实践中不断提高创业素质。创业能力是可以培养和发展的，它不仅仅是一个如何做的方法问题，更是一个教育与人生发展的理念问题。

# 二、创办企业的自我分析

企业是由个人或群体为进行商品生产交换活动而组建的具有某种法律形态的社会经济组织。相对于个体开店，创办企业，哪怕是创办一个规模再小的企业，对创业者的要求更高。

## （一）审视自己成功的可能性

创办企业是人生的一个重大步骤，它会改变你的生活。你要对企业的成败负责，创业意味着大量艰辛的工作。然而，付出的努力会使人得到满足，并获得经济收益。事实上，任何一个企业的成功很大程度上取决于企业所有者个人的性格特点、能力水平和财务状况。在决定创办一个企业之前，你必须认真地审视自己，判断自己是否属于开办企业的那类人选，并判断自己成功的可能性有多大。

这里有一份资料，有助于你将自己作为创办企业者进行评估。

### 你将面临的挑战

◆夜以继日地长时间工作。

◆无法度假，生病也难得休息。

◆拿自己的积蓄去冒风险。

◆失去稳定的工资收入。

◆为发工资和还债务而担忧，甚至领不到自己的工资。

◆不得不做自己不喜欢的事，如清洁、归档、采购等。

◆不能与家人共享天伦之乐。

◆请记住：创业可能会失败！很多原因会使企业主的财产遭受损失。

例如：

业主的疏忽——没管理好企业，没有采取积极措施防止某些问题发生。

欺骗和盗窃——员工从企业偷钱或偷东西。

缺乏技能和专门知识——不会管理钱、人、机器、库存，不会与客户做生意。

经验不均衡——有销售经验却没有采购经验，有财务经验却没有生产或销售经验等。

营销问题——由于广告不当、商品质量差、服务不周以及布置陈设不吸引人，不能招徕足够的顾客。

赊销和现金控制不当——在没有审查顾客支付能力及代销政策不完善的情况下，允许顾客赊账购物。

高支出——没有严格控制诸如差旅、娱乐、营业场地、水电、电话等费用的支出。

某些资产过多——库存、设备和车辆太多，而没有足够的现金维持日常经营。

库存控制不当——存货太多，而库存积压品已无法出售。

营业地段——企业设在偏僻的街道，不好找，或离客户太远。

灾害——因火灾、水灾或其他灾害，使企业遭受损失，而由于管理失误，企业没有办理财产保险。

## 思考以下问题并判断你成功的可能性有多大

1. 承担责任——要想成功，你必须承担责任并投入。这意味着你要把企业看得非常重要。你愿意长时间地工作吗？

2. 动机——如果你创办企业的动力很足，成功的可能性就大。你为什么想创办自己的企业？如果你仅仅想有些事情可做，你创业成功的可能性就不大。

3. 诚实——如果你做事不重信誉，很快会被传开，你的生意也将随之失利。名声不好，这对办企业是不利的。

4. 健康——你必须健康。没有健康的身体，你将无法投身于自己的企业。为企业操劳会影响你的健康。

5. 风险——没有绝对保险的生意，你总会冒失败的风险。应该肯担风险，但不冒愚蠢的风险。你该冒什么样的风险呢？

6. 决策——在企业里，你必须作出许多决定。当要作出对企业有重大影响的决定而又难以抉择时，很重要的是果断。也许你不得不辞退勤劳而忠诚的员工。只要有必要，就得这么做。别发不出工资还保留雇员。

7. 家庭状况——办企业将占用你很多时间，因此家庭的支持很重要。家里人应同意你的想法并支持你的计划。

8. 技术能力——这是你生产产品或提供服务时所需要的实用技能。技能的类型将取决于你计划创办的企业类别。

9. 企业管理技能——这是指经营你的企业所需要的技能。销售技能是最重要的，但是其他技能也很有必要，如成本核算和做账。

10. 相关的行业知识——懂得生意特点是最重要的。懂行就更容易成功。

## （二）你的创业团队

你企业的人员组成可能是：业主，即你本人；企业合伙人；员工；企业顾问。

在大多数小企业中，业主就是经理，业主行使的职责主要有：

（1）开发创意，制订目标和行动计划。

（2）组织和调动员工实施行动计划。

（3）确保计划的执行，使企业达到预期的目标。

企业合伙人也就是多名业主，大家共享利益、共担风险。可以这样分工：一人抓管理，一人负责销售，一人负责采购，一人负责……

## （三）评价个人财务状况

除了经营能力外，有足够的资金开办企业很重要。如果你没有足够的储蓄或可抵押的财产或被接受的担保，你不可能从任何一家机构获得贷款。你一定要有把握，即经济状况允许你开办自己的企业。这样在企业收入还不能支撑你的家庭生活之前，你和你的家庭仍有办法生存。一个企业要挣到足以供养业主及其家庭的钱，一般需要3个月。

# 第二节　创业准备

# 一、确定创业目标

你可能有这样的体验：如果你坐的是公共汽车，当汽车行进途中抛锚的时候，你会毫不犹豫地选择下车转乘别的车，因为你只是乘客。如果你开着自己的车在中途出现故障，你就不会如此潇洒地走人了，因为你是车主。在生活中，你就是司机，没有人能代替你驾驶。

既然你是自己创业中的司机，出发之前，就要先想好你要去哪里。如果没有目标，你就会感觉在迷雾中驾驶，看不清前面的路，看不到危险潜伏在哪里，辨不出东西南北，甚至还会莫名其妙地拐入死胡同，无法脱身。而当你的心里有了明确的方向，它就会像前方一盏永不熄灭的灯火，照亮着你一路前行。

## （一）创业需要明确的目标

1. 明确的目标能使人看清使命。明确而坚定的目标能增加创业者成功的机会。正如美国商业巨子宾尼所说："一个目标明确的普通员工，会成为创造历史的人；一个心中没有目标的人，只能做个平凡的员工。"同样，一个目标明确的创业者，会成为创造历史的企业家；一个心中没有目标的创业者，只能是一个平凡的小商人。

2. 明确的目标有利于激发创业者的潜能。多年前，某报曾作过"300条鲸鱼突然死亡"的报道，这些鲸鱼因为在追逐沙丁鱼时，不知不觉被困在了一个海湾里。弗里德里克·布朗哈里斯看到此消息后这样说："这些小鱼把海上'巨人'引向了死亡。"鲸鱼为追逐小利而暴亡，为了微不足道的目标而空耗了自己的巨大力量。

没有明确目标的创业者，就像报道中的鲸鱼，纵有巨大的力量与潜能，却把精力放在小事上，最终忘记了自己本应做什么。要发挥潜力，创业者必须全神贯注于自己有优势并且会有高回报的方面。明确的目标能帮助创业者集中精力全力以赴地做自己的事业。另外，当创业者坚持不懈地在自己有优势的方面努力时，这些优势便会进一步发展。

3. 明确的目标能使创业者更好地把握现在。制定一连串的目标，重大目标的实现是若干小目标、小步骤实现的结果。所以，如果创业者集中精力于当前手上的工作，心中明白自己现在的种种努力是在为实现将来的目标铺路，那么成功是迟早的事。

目标明确的创业者总是事前决断，而不是事后补救。他们总是提前谋划，而不是等别人的指示。

4. 明确的目标能使创业者把重点从经营本身转到经营成果上。职场中的失败者常常混淆了工作本身与工作成果。他们以为大量的奔波忙碌，尤其是吃苦耐劳，就一定会带来成功，其实任何活动本身都不能保证成功。衡量成功的尺度不是做了多少工作，而是实实在在显现的成果或利润。

如果创业者制定了明确的目标，并定期检查进度，自然就会把重点从工作本身转移到工作成果上。做出成果来实现目标是衡量成绩大小的正确方法。随着一个又一个目标的实现，创业者会逐渐明白，要实现目标还需要花很大的力气，用较少的时间来创造较多的价值，从而引导创业者制定更高的目标，实现更大的理想。

### （二）确定创业目标的依据

创业者不能仅仅以赚钱为目标。赚钱是重要的目标，但不是唯一的目标，因为创业本身应该有理念，理念会激发新的产品创意和实践冲动。因此，创业者在决定自己的创业目标时应审视以下问题。

1. 建立什么样的企业。

根据创业者对企业是否需要可持续发展的态度和目标，可将新创企业分为三类：被并购而迅速获利型；获得足够的现金以维持一定的生活标准或生活方式型；企业通过技术、员工及客户的更新换代而不断发展壮大的可持续发展型。前两种并不关注企业是否能够可持续发展。创业者的个人目标决定了企业的目标规模。生活方式型的企业不需发展为较大企业，而寻求资本收益的创业者必须把公司建设到一定规模，才能不被企业的日常事务所束缚。

2. 要承担什么样的风险。

在可持续发展的企业里，主要的生产性资产并不仅仅是创始人的技能、社会关系和勤奋努力。创办一家可持续发展的企业往往需要承担长期的风险，需要不断投资以保持优势；为了培养公司的骨干力量，创业者可能要授权经验不足的员工作出重大的决定；新创企业可能在很多年之后才能赢利，长期冒风险会让人感到压力重重。小型企业或生活方式型企业因为发展空间小，优秀人才难以就位，创业者身兼数职，加上企业不易快速发展，因此创业者往往被企业拖住不能前行。

3. 能否承受相应的风险。

创业者必须具有调整企业的目标和承担风险的能力。假如创业者认为企业已经非常成功，但仍不能满足需求，或者说，创业者发现为了达到更高的目标，还将承担更大的风险，作出更大的牺牲，或许应该及时调整目标。当创业者调整好个人目标和企业目标之后，下一步就必须确保自己有一个正确的战略。

4. 是否有能力实现目标。

创业者必须对自己有深刻的认识，并且定期反省自身是否发生了变化。"我有能力实现自己的目标吗？"这个问题可能最为致命，事实上，正是由于很多人没有客观地正确认识自己的能力，从而无法实现他们制定的目标。所以确定目标必须从自有资源、个人的能力以及目标的实际性这三个方面进行评估，从而作出最真实的能力评价。

### （三）细化创业目标

有两则故事很能说明问题。

故事一：汽车巨头福特一度很赏识一个青年，想助他一臂之力发展其事业。当问及年轻人的打算时，福特吓了一跳，这家伙竟说要赚1 000亿美元，相当于福特资产的100倍，而且不知道要那么多钱做什么！福特听了不得不警告他："这么多钱，将会威胁全世界，我看你还是放弃吧。你最好记住这句话——不切实际的梦想比没有梦想更可怕！"从此福特不再理他。直到5年后那人又来找他，说想办所大学，已有10万美元，还差10万美元，福特这才愿意帮助他，后来美国就有了伊利诺伊大学。这个年轻人成功了，可他到老都没忘记福特的话，人要想成功做点事，目标不能一味求大，目标要切实可行并具体化。

故事二：1984年的东京国际马拉松邀请赛审出了一匹黑马——名不见经传的山田本一竟夺得了世界冠军。记者询问他取胜的秘诀，他只说凭的是智慧，别的什么也没说。1986年在意大利，他又取得了同样的好名次。说到成功他仍然强调靠智慧，别的什么也没说。直到10年后，他退役后出了一本书，这才为人们揭开了谜底，述说了他训练的经历。一开始训练很枯燥，直到他看到一段话："我们并不是没有目标，但由于路程遥远，我们总享受不到成功的喜悦，往往在中途就疲惫地放弃了。我们应该把一个大目标分解成一个个小目标，逐步实现它。"从此，他每次比赛之前都要乘车把比赛线路沿途看一遍，把沿途醒目的标志记下来。这样给自己细化一个个具体的目标，比如第一个是棵参天树，第二个是家小银行，第三个是座红房子……而一旦比赛，他就一个目标接一个目标地轻松跑完。

创业是人生的一个大的规划，容不得不切实际的空想，我们应像山田本一那样把它当成一场马拉松比赛。如果没有一个个小目标，很可能我们跑了一程又一程，仍会觉得目标还是那么遥远，自己的脚步就会渐渐地慢下来。若我们能把大目标分解成小目标，每天都有成就感，我们就会轻松地跑完全程！

规划你的目标，这是为你的成功创业所做的第一个准备。

# 二、选择创业项目

如何选择创业项目，对于那些没有任何创业经验的人来说，这确实是一个很关键的问题，因为选择错误就意味着失败。即使是已有明确的创业目标也并不能保证这个项目就一定适合你，或就一定能成功。因为必须要明确你想投资的项目是否有市场需求，是否有长远的发展前景，你有没有经营这个项目的经验，如果没有经验是否有你值得信赖的人才为你掌控这个项目，这个项目的风险及投资回报你是否清楚。

一位舞蹈教师经人介绍想接手广州天河区一家舞蹈培训中心，她自己本身就是一个在某少年宫教舞蹈的教师，很想拥有一家属于自己的舞蹈学校，但她从没有经营的经验。因此，她花了整整 1 个月去考察和谈判，定金也付了，就在成交的前两天她找了一位朋友咨询。朋友经过实地考察和跟现在的经营者进行了直接对话，建议她放弃这个项目。原因是这个项目存在太多的不确定性因素，费用过高，无法与业主见面明确是否同意转租，经营场地的租期太短，经营许可只靠对方的人事关系，接手后无法确定将来能否通过年审（对方承诺会帮忙解决，但不可靠）。此外，近 60 万元的投入，最理想的回报也要 3 年才能收回，这样的投资非常不合算。经朋友分析后她虽然觉得有些惋惜，定金也要不回来，但她还是同意朋友的判断，最终放弃了接手经营那个舞蹈培训中心。

所以选择一个创业项目，关键是适合自己。

## （一）创业项目类别

创业目标是创业的大体方向，比较粗略，要付诸实施，就要使其具体化，这就是确定创业的经营项目。如一个创业者选定做餐饮行业，具体就有开设面包店、米粉店、快餐店、茶馆等选择。

根据有关规定，私营企业可以在国家法律、法规和政策规定的范围内从事工业、建筑业、交通运输业、商业、饮食业、服务业、修理业、科技咨询业、文化艺术、旅游、体育、医药、养殖等行业。在这些行业里，比较适合中职生的经营项目大体有以下三种。

1. 服务性经营项目。

（1）商品零售类：个体经营的商店常常是从零售做起的。这类零售店有日用杂品店、文具店、水果店、书店、礼品店等。

（2）餐饮服务类：这类经营包括早点铺、面馆、面包店、米粉店、冷饮店、餐厅等。

（3）其他服务类：包括电器维修部、照相冲印店、搬家公司、清洁公司、礼仪公司、打字复印店、美容店等。

2. 生产制造性经营项目。

（1）食品制作类：有烧腊食品公司、豆制品公司、工作餐配送中心、酒店半成品配送中心等。

（2）种植、养殖类：有特色农产品种植、花卉种植、海产品养殖、宠物饲养、观赏鱼饲养等。

3. 信息沟通性经营项目。

（1）劳动服务中介类：有职业介绍所、家政服务部、家教介绍所等。

（2）文化教育培训类：有电脑培训中心、健美健身中心、武术培训中心、交谊舞辅导中心等。

### （二）创业项目的可行性研究

创业者在初步选择了创业项目之后，就要进行周密的可行性研究。可行性研究分两个阶段。

1. 对创业项目的市场调查。创业者可以采用采访法、电话调查法、信件调查法、咨询法等，针对创业项目，参照下表所列问题进行市场调查。

| 内　容 | 问　题 |
| --- | --- |
| 有关产品或服务本身的几个问题 | 1. 所设想的产品或服务会有多大的市场？是一个城市还是有可能扩大到全省、全国<br>2. 它目前的消费情况如何<br>3. 它的价格属于低廉型还是高贵型<br>4. 它的用途是否单一<br>5. 它的外形设计、包装如何？是否受到广泛关注<br>6. 它的适用对象如何<br>7. 它的使用寿命如何<br>8. 它的成本大约是多少 |
| 有关周围市场环境的几个问题 | 1. 所在地区的消费能力如何<br>2. 所在地区的人口有多少<br>3. 从事相同业务的企业有多少家<br>4. 有哪些优惠政策<br>5. 所从事业务的技术进步如何 |

续表

| 内　容 | 问　题 |
|---|---|
| 有关竞争对手的几个问题 | 1. 有多少现实的竞争对手<br>2. 现实的竞争对手的经营能力与经营手段如何<br>3. 现实的竞争对手的经营规模如何<br>4. 现实的竞争对手的促销手段如何<br>5. 现实的竞争对手的企业形象如何<br>6. 现实的竞争对手有何打算<br>7. 潜在的加入者的经营规模、技术、经营手段如何 |
| 有关消费者的几个问题 | 1. 消费者对现实产品或服务有何不满之处<br>2. 消费者对所接受的产品或服务的企业有何不满<br>3. 消费者对企业经营有何期待<br>4. 消费者对产品或服务有何期待<br>5. 消费者消费的主要动机、满足方式是什么 |

　　2. 创业项目的市场评估。

　　（1）市场定位。一个好的创业项目，必然具有特定的市场定位，专注于满足顾客需求，同时能为顾客带来增值的效果。因此评估创业项目的时候，可根据市场定位是否明确、顾客需求分析是否清晰、顾客接触通道是否流畅、产品是否持续衍生等，来判断创业项目可能创造的市场价值。创业带给顾客的价值越高，创业成功的机会也会越大。

　　（2）市场结构。针对创业项目的市场结构进行五项分析，包括进入障碍，供货商，与顾客、经销商的谈判能力，替代性竞争产品的威胁，以及市场内部竞争的激烈程度。由市场结构分析可以得知新企业未来在市场中的地位，以及可能遭遇竞争对手反击的程度。

　　（3）市场规模。市场规模大小与成长速度也是影响新企业成败的重要因素。一般而言，市场规模大者，进入障碍相对较低，市场竞争激烈程度也会略为下降。如果要进入的是一个十分成熟的市场，那么纵然市场规模很大，但由于已经不再成长，利润空间必然很小，因此这个项目恐怕就不值得再投入。反之，一个正在成长中的市场，通常也会是一个充满商机的市场，只要进入时机正确，必然会有获利的空间。

　　（4）市场渗透力。对于一个具有巨大市场潜力的创业项目，市场渗透力（市场机会实现的过程）评估将会是一项非常重要的影响因素。聪明的创业家知道选择在最佳的时机进入市场，也就是市场需求正要大幅成长之际。

　　（5）市场占有率。从创业项目预期可取得的市场占有率目标，可以显示这家新创业的公司未来的市场竞争力。一般而言，成为市场的领导者，最少需要拥有20％以上的市场占有率。如果市场占有率低于5％，则这个新企业的市场竞争力显然不高，自然就会影响未来企业上市的价值。尤其处在具有赢家通吃特点的高科技产业领域，新企业必须拥有成为市场前几种的能力，才具有投资价值。

（6）产品的成本结构。产品的成本结构，也可以反映新企业的前景。例如，从物料与人工成本所占比重之高低、变动成本与固定成本的比重，以及经济规模产量的大小，可以判断企业创造附加价值的大小以及未来可能的获利空间。

3. 创业项目的效益评估。

（1）合理的税后净利。一般而言，具有吸引力的创业项目，至少能够创造15％以上的税后净利润。如果创业预期的税后净利润在5％以下，那么这就不是一个好的投资项目。

（2）达到损益平衡所需的时间。合理的损益平衡时间应该能在2年以内达到，如果3年还达不到，恐怕就不是一个值得投入的创业项目。不过有的创业项目确实需要经过比较长的损益平衡时间，通过这些前期投入，创造突破障碍、保证后期的持续获利。在这种情况下，可以将前期投入视为一种投资，才能平衡度过较长的损益平衡时间。

（3）投资回投率。考虑到创业可能面临的各项风险，合理的投资回报率应该在25％以上。一般而言，投资回报率15％以下的项目不值得考虑。

（4）资本需求。资金需求量较低的创业项目，投资者一般会比较欢迎。事实上，许多个案显示，资本额过高其实并不利于创业的成功，有时还会带来稀释投资回报率的负面效果。通常知识越密集的创业项目，对资金的需求量越低，投资回报反而会越高。因此在创业开始的时候，不要募集过多资金，最好通过盈余积累的方式来创造资本。而比较低的资本额将有利于提高盈余，还可以进一步提高产品的价格。

（5）毛利率。毛利率高的创业项目相对风险较低，也比较容易取得损益平衡。反之，毛利率低的创业项目风险则较高，遇到决策失误或市场产生较大变化的时候，企业很容易遭受损失。一般而言，理想的毛利率是40％。当毛利率低于20％的时候，这个创业项目就不值得再考虑了。软件业的毛利率通常都很高，所以只要能找到足够的业务量，从事软件创业在财务上遭受严重损失的风险就相对会比较低。

（6）策略性价值。能否创造新企业在市场上的策略性价值，也是一项重要的评价指标。一般而言，策略性价值与产业网络规模、利益机制、竞争程度等密切相关，而创业项目对于产业价值链所能创造的增值效果，也与它所采取的经营策略与经营模式密切相关。

（7）资本市场活力。当新企业处于一个具有高度活力的资本市场时，它的获利回收机会相对也比较高。不过资本市场的变化幅度极大，在市场高点时投入，资金成本较低，筹资也相对容易。而在资本市场低点时，投资新企业开发的诱因则较低，好的创业项目也相对较少。不过，对投资者而言，市场低点的成本较低有时候投资回报反而会更高。一般而言，新创企业的活跃的资本市场比较容易创造增值效果，因此资本市场活力也是一项可以被用来评价创业项目外部环境的指标。

（8）退出机制与策略。所有投资的目的都在于回收，因此退出机制与策略就成为一项评估创业项目的重要指标。企业的价值一般也要由具有客观鉴价能力的交易市场来决定，而这种交易机制的完善程度也会影响新企业退出机制的弹性。退出的难度普遍要高于进入，因此一个具有吸引力的创业项目，应该为所有投资者考虑退出机制以及退出的策略规划。

通过对各种资料的分析比较，以确定一个投资少、成本低、建设周期短、投资收益高、项目生命周期长的最佳创业项目方案，是进行可行性研究的最终目的。

# 三、拟订创业计划

## （一）创业计划书的内容

创业之初，创业者制订创业计划可以理清自己的创业思路。一个项目在脑海中酝酿时，往往非常美妙，创业者会有抑制不住的创业冲动，在这时候，创业者还需要对自己所掌握的信息进行综合分析，充实和完善创业计划，再次判断所想要创办的企业成功的把握有多大，最终决定是否创办该企业。创业者将创业构想用计划书的形式写出来，把反面的理由也写进去，从正反两方面反复推敲，就可以发现自己的创业理想是否切实可行，是否具有诱人的商业前景。

此外，创业计划书还能把计划中的风险企业推销给风险投资家，制订公司创业计划书的主要目的之一就是为了筹集资金。因此，创业计划书必须说明创办企业的目的——为什么要冒风险并花精力、时间、资源、资金去创办风险企业，创办企业需要多少资金，为什么要这么多资金，投资人为什么值得为此注入资金。对已建的风险企业来说，创业计划书可以为企业的发展定下比较具体的方向和重点，从而使员工了解企业的经营目标，并激励他们为共同的目标而努力。更重要的是，它可以使企业的出资者以及供应商、销售商等了解企业的经营状况和经营目标，说服出资者（原有的或新来的）为企业的进一步发展提供资金。

正是基于上述理由，创业计划书将是创业者所写的商业文件中最主要的一个。以下是创业计划书的主要内容。

1. 计划摘要。计划摘要列在创业计划书的最前面，它是创业计划书的精华。计划摘要涵盖了计划的要点，力求一目了然，以便读者能在最短的时间内评审计划并作出判断。计划摘要一般包括以下内容：公司介绍、主要产品业务范围、市场概貌、营销策略、销售计划、生产管理计划、管理者及其组织、财务计划、资金需求状况。

在介绍企业时，应说明创办新企业的思路、新思想的形成过程以及企业的目标和发展战略。此外，还必须回答下列问题：企业所处的行业；企业经营的性质和范围；

企业主要产品的内容；企业的市场在哪里；谁是企业的顾客，他们有哪些需求；企业的合伙人、投资人是谁；企业的竞争对手是谁，竞争对手对企业的发展有何影响。摘要应简明、生动，特别要详细说明企业自身的不同之处以及企业获得成功的市场因素。

2. 产品（服务）介绍。产品介绍是创业计划书中必不可少的一项内容。通常产品介绍应包括以下内容：产品的概念、性能及特性，主要产品介绍，产品的市场竞争力，产品的研究和开发过程，发展新产品的计划和成本分析，产品的市场前景预测，产品的品牌和专利。

3. 人员及组织结构。在创业计划书中，必须要对主要管理人员加以阐明，介绍他们所具有的能力，他们在本企业中的职务和责任，他们过去的详细经历及背景。此外，在这部分创业计划书中，还应对公司结构作一简要介绍，包括公司的组织机构图、各部门的功能与责任、各部门的负责人及主要成员、公司的报酬体系等。

4. 市场预测。当企业要开发一种新产品或向新的市场扩展时，首先就要进行市场预测。如果预测的结果并不乐观，或者预测的可信度让人怀疑，那么投资者就要承担更大的风险，这对多数风险投资家来说都是不可接受的。市场预测应包括以下内容：市场现状综述，竞争厂商概览，目标顾客和目标市场，本企业产品的市场地位，市场区域性和特征等。

5. 营销策略。营销是企业经营中最富有挑战性的环节，影响营销策略的因素主要有消费者的特点、产品的特性、企业自身的状况、市场环境方面等。营销策略应包括以下内容：市场机构和营销渠道的选择，营销队伍和管理，促销计划和广告策略，价格决策。

6. 生产计划。创业计划书中的生产制造计划应包括以下内容：产品制造和技术设备现状，新产品投产计划，技术提升和设备更新的要求，质量控制和质量改进计划。

7. 财务规划。财务规划需要花费较多的精力来作具体分析，其中就包括现金流量表、资产负债表以及损益表的制备。财务规划一般要包括以下内容：企业计划书的条件假设，预计的资产负债表，预计的损益表，现金收支分析，资金的来源和使用。

要完成财务规划，必须明确下列问题：

（1）产品在每一个期间的发出量有多大。

（2）什么时候开始产品线扩张。

（3）每件产品的生产费用是多少。

（4）每件产品的定价是多少。

（5）使用什么营销渠道，所预期的成本和利润是多少。

（6）需要雇用哪几种类型的人。

（7）雇用何时开始，工资预算是多少。

**（二）创业计划书写作注意事项**

1. 创业计划书在写作时必须清楚地表述，以使所表述的观点具有可信度。同时，必须为声明或许诺提供事实依据，尤其是向投资者筹集创业资金时，创业计划更应具有充分的说服力。

2. 创业计划书应由创业者本人制订。拟写创业计划书与文化水平的关系并不大，不必因为自己的文字能力不强而感到难为情，只要条理清晰就行。创业计划书完成后，可以请有关专家帮看一看，排除自己主观认识上的偏差，避免大的失误。

3. 在创业计划书写完之后，创业者最好对计划书进行再评估，看看该计划书是否能准确回答投资者的疑问，以增加投资者对本企业的信心。通常可从以下七个方面对计划书加以检查：

（1）你的创业计划书是否显示出你具有管理公司的经验。如果你自己缺乏能力管理公司，那么一定要明确地说明，你已经雇了一位经营大师来管理你的公司。

（2）你的创业计划书是否显示出你有能力偿还借款。要保证给预期的投资者提供一份完整的比率分析。

（3）你的创业计划书是否显示出你已进行过完整的市场分析。要让投资者坚信你在计划书中阐明的产品需求量是真实的。

（4）你的创业计划书是否容易被投资者所领会。创业计划书应该备有索引和目录，以便投资者可以较容易地查阅各个章节。此外，还应保证目录中的信息流是有逻辑的和现实的。

（5）你的创业计划书中是否有计划摘要并放在最前面。计划摘要相当于公司创业计划书的封面，投资者首先会看它。为了引起投资者的兴趣，计划摘要应写得吸引人。

（6）你的创业计划书是否在文法上全部正确。如果不能保证，那么最好请人帮你检查一下。计划书的语法错误和排印错误会很快使创业者丧失机会。

（7）你的计划书能否打消投资者对产品和服务的疑虑。如果需要，你可以准备一件产品模型。

### （三）创业计划书范例

这里提供一份创业计划书的样本，介绍拟写一份创业计划书所应采用的格式和应包括的内容范围，使你能够从中得到某些有助于实际操作的启示。

## 小岸儿童玩具出租连锁加盟店创业计划书

一、项目介绍

项目名称：小岸儿童玩具出租连锁加盟店

经营范围：以出租婴幼儿童车、童床和儿童玩具为主，兼出售婴幼儿童玩具

项目投资：10 万元

回收成本期限：6 个月

样板店地址：金碧花园小区内

项目概况：组建"小岸儿童玩具出租连锁加盟样板店"，在此基础上，创办一个以社区为依托、以帮助下岗失业人员创业为目的的儿童玩具出租连锁加盟公司。

企业宗旨：让孩子更聪明，让家长更省钱，让加盟者更成功！

二、市场分析

（一）市场需求分析

玩具是孩子的最爱，孩子是父母的心肝宝贝。父母对自己孩子的投入是心甘情愿的，但由于各种原因，又不能完全满足孩子对玩具的占有欲望。同时，由于孩子具有对玩具喜新厌旧的天性，一个几百元的玩具玩几天就不感兴趣了。而市场上层出不穷的高价玩具，都是孩子永不满足的需求，这样促使了"儿童玩具出租行业"的萌芽和发展。

比如婴幼儿大都需要童车，中档童车价格在 $300\sim500$ 元之间，高档一点的在 $1\,000$ 元左右，而一部质量较好的童车起码可以用 $3\sim5$ 年，家庭购买的童车平均使用期为 $1$ 年左右，不买童车不行，买吧，用完后又很难处理，而且浪费。相似的用品还有童床、学步车、儿童玩具等。如果开一间婴幼儿童玩具租赁中心，既能使家庭减少费用，又能给孩子提供更多的玩具，生意肯定兴隆。

（二）目标群体分析

玩具出租主要的目标群体是 $0\sim12$ 岁的儿童。出租的玩具品种繁多、档次齐全，适合各种不同层次家庭的孩子；选址在新开发的成熟小区，居民家庭状况一般在小康水平或小康水平以上，对出租玩具的承受能力均没有问题。

（三）竞争对手的分析

目前广州市出租儿童玩具的公司或店铺寥寥无几，这是一个新兴的行业，我们应该有一种先入为主的优势，特别对发展连锁加盟店尤其有利。

三、成本预算

（一）样板店的成本预算

样板店启动资金约为 $7$ 万元，具体如下。

1. 办理工商、税务登记等费用：$1\,200$ 元。

2. 店铺（50平方米）租金及押金：$9\,000$ 元（租金为 $3\,000$ 元/月，两押一租）。

3. 装修费：$10\,000$ 元。

4. 工资（1个月）：$6\,800$ 元。

5. 购买产品及维修保养费用：$30\,000$ 元。

6. 咨询顾问及资料费：$3\,000$ 元。

7. 公司其他开支：$10\,000$ 元（水费、电费、管理费、工商管理和税费、卫生费及流动资金等）。

总计：$70\,000$ 元左右。

（二）组建连锁加盟店的费用预算

组建2～3个连锁加盟店，费用开支主要是策划费和连锁加盟店主的培训费与管理费。

1. 策划费：24 000元左右。

2. 店主培训费：3 000元左右。

3. 管理费：3 000元左右。

总计：30 000元左右。

总成本预算（启动资金）：10万元左右。

四、盈利状况

（一）样板店业务收入来源

1. 销售会员卡是本店主要的收入来源。会员卡有效期为1年，实行记名制。

2. 赔偿金收入（顾客归还玩具时，有些玩具可能由于关键部位的断裂、重要配件的丢失损坏等原因不能再次出租，须按照我们的"赔偿比例表"赔偿）。

3. 销售玩具。

（二）连锁加盟店的收入

从第二季度开始，争取一个季度筹建一个连锁加盟店，连锁加盟的收费为每家3万元。

这样，前6个月收入可达10万元，即可收回成本。

五、市场风险预测

（一）竞争者的出现，是本店主要的市场风险。

当一个项目被发现存在巨大的市场空间时，必会引来竞争者。为了能让企业在市场中生存和壮大，在推出玩具出租加盟样板店时，要实行"五个统一"的管理模式（统一形象设计、统一宣传资料、统一会员卡销售、统一营销管理、统一售后服务），建立自身的品牌。提高服务质量和准确掌握市场行情也是增强竞争力的办法。

（二）玩具对儿童的伤害，是本行业最大的风险。

为了避免此类风险，可采取以下三种方法。

1. 进货渠道严格把关，明确与进货商或生产厂家的责任关系。

2. 向小孩和家长详细讲解玩具的使用说明。

3. 明确与被租方的责任关系。

（三）对玩具损害程度的鉴定，是处理客户关系的一大风险。

必须加强与生产厂家的联系，逐步完善玩具损害程度的鉴定标准，明确、细化与客户的责任关系。

六、行业相关法律法规

1. 根据《中华人民共和国合同法》第233条规定：租赁物品危及承租人的安全或不健康的，即使承租人订立合同时明知该租赁物品质量不合格，承租人仍然可以随时解除合同。

2. 根据《中华人民共和国产品质量法》的相关规定，所租赁或销售的产品一定要符合国家规定，质量合格，并对相应的防范做到应尽的告知义务，以避免不必要的损失。

3. 根据《中华人民共和国劳动法》规定，与员工签订劳动合同，缴纳相应的社会保险。

4. 依法纳税，合法经营。

七、人员机构配置

1. 样板店经理1名：负责整个样板店的管理及玩具的采购工作。

2. 店员2名：负责各项营销工作，并分别兼出纳与会计。

3. 玩具维修保养员1名：负责玩具维修保养工作。

4. 市场策划2名：负责样板店的策划和连锁加盟店的策划。

5. 老板1名：统筹全盘，负责战略性规划。

人员总共7名，要求持证上岗的，必须持证上岗。全部为本市的下岗失业人员。

八、自身优势

1. 本人的工作经验：有3年儿童玩具厂的工作经验和5年市场营销经验。

2. 本人的社会资源：与一批儿童玩具厂和行内人士有良好的关系。

3. 本人的教育背景：大专毕业，专修市场营销，工作后不断进修，对企业管理和市场分析有一定的特长。

4. 本人的资金支持：自主创业愿望已久，启动资金已完全到位。

九、环境及地理优势

广州是地处珠江三角洲的中心城市，玩具市场非常活跃，儿童玩具的生产厂家很多且玩具品种繁多，货源充足，交通方便，信息灵通。

十、市场营销策略

（一）市场营销的基本策略

（二）以新的成熟小区为依托，以样板店为龙头，以帮助下岗失业人员创业或再就业为目的，争取3年内成为广州市儿童玩具出租行业的品牌连锁加盟公司。

（三）组建"小岸儿童玩具出租连锁加盟样板店"

1. 选地址：以金碧花园小区为样板区。该社区入住率达80%，已入住8 000多户人家。小区内只有一家出租电动玩具的小型玩具店，且经营效果不错。

2. 样板店布局定位：定位于超市与幼儿园、游乐场之间，既要保证玩具的货架式摆放，一目了然，又要留出足够的空间供孩子在现场玩耍。

3. 店内货物定位分三类摆放：婴幼儿用品类（童车、童床、学步车等），儿童玩具类（遥控类、体育类、学习类、拼装类、音乐类等），销售类。

4. 展示厅内标识物的放置：收银台后面设置服务公约、赔偿表、会员登记表和业务介绍说明，维修部放置遥控器。

5. 严格执行"出租物品专业消毒房"方案：为了让顾客知道自己租用的产品是干净卫生的、高品质的，在店内建立消毒房，出租过的物品都要经过保养消毒后才能再度使用。

6. 销售模式：以"玩具出租会员制"为运作模式，采取年卡的形式，年卡200元/张。

7. 加大前期的宣传力度：因玩具出租是新事物，样板店又刚开业，所以前期营销的重点是让样板区所有0~12岁儿童的家长知道有一家玩具出租店开业了。

8. 媒体的宣传：玩具出租这一新事物对很多新闻媒体来说很有采访价值，所以样板店开业后，应跟当地的媒体联系，引起媒体的兴趣，以实现在当地的宣传效应。

（四）连锁加盟店的组建

以市场需求为原则，以样板店的经营状况为依据，分步骤、分阶段地开发连锁加盟店。对所有的连锁加盟店坚持"五个统一"的管理模式，力求所有连锁加盟店的玩具共享。

## 第三节 创办你的企业

## 一、创业与知法守法

在你开始创业前，需要了解我国的基本法律环境。国家为了使所有的公民和企业能在公平和谐的环境中竞争和发展，制定了各类有关的法律法规。它们是规范公民和企业经济行为的准则，具有权威性、强制性、公平性。依法办事是公民和企业的责任。

设立企业从事经营活动，必须到工商行政管理部门办理登记手续，领取营业执照，如果从事特定行业的经营活动，还须事先取得相关主管部门的批准文件。我国企业立法已经不再延续按企业所有制立法的旧模式，而是按企业组织形式分别立法，根据《民法通则》《公司法》《合伙企业法》《个人独资企业法》等法律的规定，企业的组织形式可以是股份有限公司、有限责任公司、合伙企业、个人独资企业，其中以有限责任公司最为常见。设立企业你还需要了解《企业登记管理条例》《公司登记管理条例》等工商管理法规、规章。设立特定待业的企业，你还有必要了解有关开发区、高科技园区、软件园区（基地）等方面的法规、规章及地方有关规定，这样有助于你选择创业地点，以享受税收等优惠政策。我国实行法定注册资本制，如果你不是以货币资金出资，而是以实物、知识产权等无形资产或股权、债权等出资，你还需要了解有关出资、资产评估等法规规定。

企业设立后，你需要办理税务登记，需要会计人员处理财务，这其中涉及税法和财务制度，你需要了解企业需要缴纳哪些税，如营业税、增值税、所得税等，还需要了解哪些支出可以节省成本，如开办费、固定资产怎么摊销等。你需要聘用员工，这其中涉及劳动法和社会保险问题，你需要了解劳动合同、试用期、服务期、商业秘密、竞业限制、工伤、养老金、住房公积金、医疗保险、失业保险等诸多规定。你还需要处理知识产权问题，既不能侵犯别人的知识产权，又要建立自己的知识产权保护体系，你需要了解著作权、商标、域名、商号、专利、技术秘密等各自的保护方法。你在业务中还要了解《合同法》《担保法》《票据法》等基本民商事法律以及行业管理的法律法规。

可见，办企业涉及诸多相关法律，主要有以下表内的内容。

| 法律名称 | 相关内容 |
|---|---|
| 企业法 | 公司法、个人独资企业法、合伙企业法、中外合资合作企业法等 |
| 民法通则 | 个体工商户、个人合伙、企业法人、代理、财产所有权、知识产权、民事责任等 |
| 合同法 | 一般合同订立、效力、履行、变更与转让、权利义务终止、违约责任等。具体合同如买卖、借款、运输、技术、委托等 |
| 劳动法 | 促进就业、劳动合同与集体合同、工作时间与休息时间、工资、劳动安全与卫生、女职工和未成年工特殊保护、社会保险和福利、劳动争议、监督检查、法律责任等 |
| 劳动合同法 | 劳动合同的订立、履行和变更、解除和终止、特别规定、集体合同、劳务派遣、非全日制用工、监督检查、法律责任等 |
| 其他法律 | 会计法、税收征收管理法、产品质量法、消费者权益保护法、反不正当竞争法、保险法、环境保护法等 |

法律不仅对企业有约束的一面，也给你的企业以法律保护。遵纪守法的企业，以诚信为本的企业，将赢得客户的信任、供应商的合作、职工的信赖、政府的支持，甚至赢得竞争对手的尊重，并为企业创造一个良好的生存发展空间。

# 二、筹集资金

创业需要资金，创业之初的开办经费和周转资金是一笔不小的数目。在确定了资金的需要量之后，就应寻找资金的来源，以便更迅速地筹集到充足的资金。

## （一）资金来源

一般来说，适合中职生创业的资金来源有四个方面。

1. 投入个人资产。有志创业的人，要注意个人资金积累，如多年来的积蓄，在就业打工阶段勤俭节约，省吃俭用，可以积蓄一定的资金。创业时，个人资产越多越好，可减轻利息的负担，但创业投资必须慎重，以免创业失利时基本生活得不到保证。个人资产还包括父母、朋友赠送的礼物，如电脑、冰箱、电视、音响、办公设备等都可以用于创业，这样可以减少现金的投入，并节省设备购置费用。个人资产的投入也要记账，实物要作价，算出投入资金总额，以便计算经营利润及投资回收的时间。

在经营中，要注意积累资金，即使是小店经营也应如此。虽然盈利不大，但把生意做活了，日积月累，资金也会逐渐增多。因此，应着眼于未来，不断积累资金，为日后的发展做好准备。

2. 向亲友借款。单靠个人资产往往不能满足创业资金数额和企业发展的需要。因此，可向亲朋好友借款，这也是创业和经营筹资的好方法。俗话说"借鸡下蛋"，商界还有"负债经营乃商家常事"的说法，这是说借别人的资金为自己创业服务。在我国乃至全世界，借助别人的风险投资创业成功的大企业家比比皆是。诚然，你想得到亲友资金的帮助，就必须把你所开办项目的可行性、你对经营该项目的信心告诉对方，并要保证债权人的利益和还款期限，这样对方才愿意借钱。向亲友借款要有信誉，并要履行借款手续，立字据、写明还款期限，如果要付利息也要在字据上注明。这样给对方一种信任感，愿意借钱给你解决创业资金不足的困难，在你创业和事业成功的路上助你一臂之力。

3. 吸纳合伙人的资金。当创业项目需要较大的投入，个人资产投入和向亲友借款仍达不到所需资金额时，可以吸纳合伙人的资金，所谓"人多力量大"。有些项目看准了商机和发展前景，但要有一定的投资规模才能启动和形成规模效益，就可以找几个志同道合的伙伴携手共创一番事业。在选择合伙人时，要注意寻找志向相同、兴趣相近、有事业心、有较强合作精神的合作伙伴，彼此要坦诚相待、诚实守信，并且在经营上要达成共识。作为合作者应共担风险、同甘共苦、共同进退。合作前要签订合作协议，明确规定合伙人的责任和权利、每个合伙人的投资额和利润分配方法、合伙期限等。

吸纳合伙人资金，可采取资金合股共同经营；或采取一个人经营，其他合伙人只投入资金，按时间、按比例还本分红的合作方式。

4. 申请银行贷款。创业投资项目资金不足还可以向银行贷款。国家为了加快个体和私营企业的发展，在银行贷款上有优惠政策，因此，申请银行贷款是创业经营者筹集资金的重要渠道。申请银行贷款，不单只在资金方面得到支持，企业在经营过程中也会得到银行的指导和帮助。

申请银行贷款的个体、私营者必须具备一定的条件：

（1）持有营业执照或有关部门批准的证件。

（2）遵守国家政策法令，符合批准的经营范围。

（3）必须有 $30\%\sim50\%$ 的自有流动资金。

（4）确有偿还贷款的能力和经济担保。

申请银行贷款时，你应该把你所拥有的投资优势向贷款方充分展示。如果你的创业计划周密，备有较为详尽的可行性研究报告，那么你申请贷款成功的希望就很大。

### （二）选择合适的筹资方案

创业者筹得资金后，需要以利息、股息、分红等形式分割一定的收益，这被称为筹资成本。选择合适的筹资方案，目的就是降低筹资成本，提高筹资效益。

以个人资产投入创业，是最常用的资金来源。这种方式便捷，风险自己承担，可以省却不少外界的干扰，但并非每个创业者都有足够的个人积蓄。

向亲友借款不失为一种好办法，有时还可以免付利息。但在经营困难时可能会使亲友关系紧张，而且提供借款的亲友会觉得他们有权对企业经营管理发表建议或对你施加影响。

合伙经营可以解决资金方面的问题，但容易产生各种各样的纠纷。如果合伙人不负责任，可能会使企业财务陷入困境。

向银行贷款融资范围广，弹性大，但需要支付利息。

由此可见，各种筹资方法都有利有弊，应根据创业的实际需要，选择最佳方案。这里有一个例子：1999 年，某县一个企业需要扩大经营规模，建新厂房需要一笔 50万元的资金，有三种方案可选择，一是向当地银行贷款，月利率 10.8‰；二是向职工集资，年利率 25%；三是向朋友借款，约定以参加 10 年分红的形式偿还本息。经比较分析，这位企业主选择了向银行贷款。但后来他发现，银行对与他相关联的某合资企业提供贷款的利率是 9‰，而该企业与他关系密切，他就求助合资企业贷款 50 万元，再转贷给他，转贷利率为 9.5‰，这仍远低于该行业 10.8‰的贷款利率。如此一来，这位企业主无疑降低了筹资成本。

## 三、 合 理 选 址

创业资金筹集后，要科学合理地选择经营场所。俗话说经商要有"天时、地利、人和"，这其中的地利就是说创业经营的合理选址很重要。根据创业的项目、行业，科学合理地选好地址，就会给企业带来无限商机和丰厚利润。经营场所选好了，事业也基本成功了一半。

享誉全球的"麦当劳"在中国的各大城市的店址都是首选繁华的中心区，也都顾客盈门。例如，在北京市首选王府井大街；在上海市首选享有"中华第一街"的南京路；在南宁首选市中心黄金地——南宁百货大楼一楼，这是全市人流量最大的繁华地段。南宁百货大楼"麦当劳"刚开业，便红红火火，甚至供不应求。

南宁市泰歌干洗连锁店，分别开在南宁市高新区的几个花园住宅区和市内几个居民密集的社区中，因为市民的生活水平提高，高档服装多了自然需要干洗（尤其是能购买花园住宅的居民），所以泰歌干洗连锁店一直生意兴隆，效益可观。贵州花溪王粉店在南宁市已有13家连锁分店，都分布在社区中心和繁华路段，每天顾客络绎不绝，由于它别具一格的风味和合理的选址，使企业迅速发展和形成独特的饮食风格，创造了惊人的经济效益。可见，选好一个经营地址至关重要。

**（一）选择合适的地址**

你的企业或许有好的产品，顾客也愿意接受你定的价格，但是销售量仍然很低。造成这种状况的原因可能是顾客不知道去哪里购买你的产品或服务。在不同的行业中，有不同的选址方式。总的来说，选择的地址要与经营的项目相适应，要最大限度地满足相关消费群体的需要。

1. 贸易企业选址。贸易企业从事商品的买卖活动，它们从制造商或批发商处购买商品，再把商品卖给顾客和其他企业。

下表是根据不同的经营内容来确定的开店地址，仅供参考。

| 经营种类 | 理想地段 |
|---|---|
| 小吃店、副食品店、特产商品店、旅馆、公用电话亭、物品寄存处等 | 车站附近 |
| 书店、文具用品店、鲜花礼品店、洗衣房、录像厅、照相馆等 | 文教区 |
| 粮店、杂货店、发廊、报刊亭、裁缝店、托儿所、送水站、水果铺等 | 住宅小区 |
| 洗车行、摩托车修理行、汽配商店、废品回收站、化工建材商行等 | 三类地段 |
| 服装店、小超市 | 闹市区 |

2. 制造企业的选址。制造企业生产实物产品。对于制造商来说离顾客远近并不重要，最重要的是是否容易获得生产所需的原材料。这就是说，工厂应该设在离原材料供应商比较近的地方，交通要方便。能获得低租金的厂房，对制造商来说也很重要。

3. 服务企业的选址。服务企业或提供服务，或提供劳务。服务企业应设在离顾客较近的地方，如在生活小区门口或人们经常上下班经过的地方或在宾馆周围，有消费人群的地方。

4. 农、林、牧、渔业企业的选址。农、林、牧、渔业企业利用土地或水域进行生产。这类企业的选址和制造企业相类似，但水、电、交通要方便。

**（二）选址的技巧**

1. 大商品大手笔。新开发的商品和保健食品想要打开市场，除了必要的广告投入之外，一定要在繁华的商业区有一席之地，这样有利于提高产品的知名度。如著名的海尔电器不只是在各大商场设专柜，而且还在许多城市中心商业区开设专卖店，这样容易打开销路。根据产品的影响力进行选址，做到大商品大投入，就有大市场。

2. 小项目精打算。创业之初，在经验和资金不足的情况下，可以选择在居民区和居民密集社区经营与人们生活息息相关的小型项目，如饮食店、杂货店、维修店、药店、洗衣店、美容美发店等。开设此类项目很容易形成一定的客户群。

3. 热地段选静址，往往在繁华的闹市区也有较偏僻安静的小巷，这是开设小型项目的好地方，可经营小商品、音像出租、土特产等。

4. 偏僻处造市场。许多有经营头脑的创业者把店开到市郊较偏僻的地方，同样能营造好市场。如南宁市大惠丰海鲜酒楼和竹篱笆风味馆，都选择在离市中心较远的埌东区和青山路。俗话说"酒香不怕巷子深"，由于经营的菜肴有特色、环境好、服务周到，同样生意红火。

总之，选择经营地址是一件费心的事。创业者在实际操作时可根据自己经营项目的具体情况具体分析，既要租金合理能承受，又能打开所经营产品的市场，这才是科学合理的选址。

# 四、经营与管理

## （一）生产经营

采购是经营中的一个重要环节，无论是零售经营的进货，还是生产加工、种养经营中购买原材料或种子等，都需要把好采购与验收关。这里着重介绍零售经营中的进货环节。

一个商店经营能否成功，与进货有很大关系。进货过多，存货也就相对过多，不仅积压资金，而且可能会因销售不畅而亏损。如果进了伪劣产品，不仅造成侵害消费者的利益，而且给自己造成不可估量的经济损失。如果进货过少，很可能造成缺货，失去更多的赢利机会。

1. 进货技巧。

（1）从多家进货。进货时至少选择两家以上的供货方，他们之间在商品质量、价格、服务等方面的竞争，有利于商店经营者及时掌握商品信息、商品动态；另一方面，也可以有效防止进货人员与供货方之间的不正当交易。

在选择供货商时，要对其进行考察，了解其是否为合法的经营实体，所供应的商品质量是否合格。

（2）讲求适销对路。做生意希望货如轮转，畅销货是进货时应加以考虑的。然而对新产品，不可盲目大量购进，新产品可能是畅销货，也可能不是。应先少进点货，试销后再定。对流行商品，应充分考虑其流行时间，准确把握进货数量。

（3）"知人"进货。要根据供应区内消费者的数量、类型、结构、文化程度和收入水平来决定进货。如某大学门旁经营服装生意的个体户，经营对象主要是大学生，他考虑到大学生的文化素质、欣赏水平、经济能力等消费特点，所采购的服装价钱便宜、质地一般，但式样新颖别致、活泼大方，结果生意兴隆。

（4）"知时"进货。要知道政治经济形势以及季节气候变化，并分析这些"天时"给市场带来的影响以决定进货。如某城市出台一项新规定，骑自行车时可以带6岁以下的小孩。某日杂店抓住这条信息，抢先大批采购自行车坐篮，不几天便销售一空。

2. 商品验收。采购商品要坚持验收制度，要验明商品的品名、数量、质量等，注意不采购"三无产品"，尤其要注意鉴别伪劣产品。

商品验收的要领是了解商品知识，熟悉商品性能、质量、规格、花色、价格等。验收者要对所采购商品的质量标准心中有数，并掌握鉴别商品的方法，如通过燃烧法、感官判定法、手感判定法来鉴别纯羊毛织物，通过看包装、看液汁、闻气味、品滋味等方法来鉴别饮料等。

3. 营销策略。开办企业，目的主要还是为了赢利。在竞争激烈的市场经济下，创业者要实现赢利，必须讲究营销策略，尤其是要掌握定价技巧和促销策划。

（1）定价技巧。价格在市场营销活动中是最活跃、最敏感的因素，经营者的各种竞争策略都最终体现在定价上。定价策略妥否，将影响经营者提供的产品或服务能否为消费者所接受、在市场中的形象及赢利水平等。以怎样的价格推出自己的产品或服务，是经营者能否取胜的重要条件之一，因此必须讲究定价的技巧。

①围绕营销目的定价。定价作为一种营销手段，其运用离不开赢利这个根本目的。经营者应根据不同的营销目的给自己经营的产品或服务定价。例如，在开业初期，由于消费者对产品或服务要有一个熟悉和接受的过程，此阶段营销的目标应该是为了开拓市场，提高自己经营的产品或服务的知名度，在定价上应作些让步，以低利润、零利润甚至是负利润定价来渗透市场。

②根据消费心理定价。实践证明，经营者在为消费者提供产品或服务时，在价格上适当采取一些措施，让消费者切身感受到实惠或满足他们自尊的心理需要，是一种行之有效的促销方法。例如，在杂货店里，一块香皂如果定价2元，顾客认为你出售的商品太贵而不愿到你处购买，但如果你将这种香皂定价在每块1.96元，即使仅便宜几分钱，他们在心理上感到你出售的商品价格实在，会毫不犹豫地购买。

③定价要有一定的可变性和灵活性。经营者所经营的产品或提供的服务，其价格应随不同的群体、不同的地点、不同的时间、不同的购买量等而变化，价格不灵活就会失去许多客户，从而使收入减少。例如，在农贸市场，同质的500克蔬菜，机关干部购买时可以1元的价格成交，而面对家庭主妇有可能只以0.8元售出。

（2）广告。广告的目的是为了传递产品或服务信息，刺激消费者，引发他们的偏爱心理，从而有效地促进销售。在开展广告促销活动时，要把握好以下几点：广告的角度要新，一般来说，各行业都有自己的特点，各个经营者应善于结合本行业的特点去选择新异的广告角度；广告的内容要真实、简洁，要考虑好开展广告活动的时间、地点。广告活动不能违反《中华人民共和国广告法》的规定。

（3）促销。常见方式有服务促销、折让促销、优惠券促销等，尤其要注意加大服务促销的力度。因为随着科学技术的进步和市场体系的完善，产品已不是商家竞争唯一取胜的法宝，同一种产品在质量和价格上的竞争将越来越小，而服务营销的重要性已逐渐加大。例如，春兰空调集团为抢占市场，推出了"金牌保姆"式售后服务，消费者只需掏钱买空调，剩下的事如送货入室、安装、搭建空调玻璃钢遮雨篷、钻墙孔等全部由企业免费操办，用户搬家的话还可免费移机、装机，每个用户都发给"终身上门免费维修卡"。优质的服务使企业赢得了广阔的市场。

4. 经营中合同的签订与履行。合同的签订与履行是创业者在经营活动中经常实施的民事法律行为。为了避免合同纠纷，减少无谓的时间与精力消耗，创业者要掌握签订与履行合同的知识，提高依法办事、依法经营的能力。签订合同的注意事项如下。

（1）要保持良好的心态，不要贪图便宜，不要急于求成，谨防别人利用你的心理弱点进行合同欺诈。面对老关系户、熟人也不能因为碍于面子而麻痹大意。

（2）要了解对方当事人和担保人的实际履约能力。与法人单位或其他组织签订合同时，还要严格审查其代表人的资格，鉴别对方是否有代理权。在订立合同之前，认真审查对方当事人的主体资格和实际履约能力，是避免合同纠纷的一个非常重要的环节。

（3）合同的条款要完备。除法律规定的必备条款外，还可根据具体情况，写入当事人一方根据实际需要而经双方协商达成的其他条款。

合同条款是合同的核心，拟定合同条款一定要严肃认真。条款不完备是合同签订中最常见的失误，非常容易引起合同纠纷，要高度重视。

（4）语言要准确。为了避免纠纷，对合同条款的表达用语一定要做到明确、规范、具体。对不可省略或简写的内容，千万不要省略或简写，甚至连标点符号都不能含糊。

（5）订立合同应当采用书面形式。采用书面形式订立合同，各方当事人权利义务明确、清楚，便于执行和监督。除即时结清的合同外，千万不要因为碍于情面或图省事而不订立书面合同。口头约定的"君子协定"很容易引发纠纷。

（6）要求对方当事人设定担保，如抵押、质押、给付定金及第三人担保等。

### （二）建章立制

现代企业必须实行制度化管理。科学的现代企业管理制度是企业进行科学管理的前提和保证。

实践经验表明，一个成功的企业必定有一套成功的管理制度，即一套能充分调动每一个员工积极性的制度。麦当劳为使世界上93个国家的19 000家分店出售的食品与服务保持同一标准，进行了近千页的《操作规程》的培训，制定了完善的企业制度，这就是麦当劳能够长盛不衰并风靡世界的秘诀。

然而，制度化管理在我国企业尤其是中小企业中很落后，企业管理大多缺乏一套完善的制度来规范和约束，这是企业成长的致命点。因此，创业者必须重视企业的建章立制，实行严格的制度化管理。

小企业建立管理制度，主要有以下方面的内容。

1. 岗位职责。职责不清易使工作重复或遗漏，使员工产生挫折感，造成工作的消极现象。制定岗位职责，就是对每一个职位的工作权责与范围进行具体明确的规定，使企业各部门分工分层明确，工作职责确定，工作报酬适当。这样才能保证企业各部门、各工作环节的顺利运转，保证员工在责、权、利相结合的机制下充分发挥劳动积极性。

2. 人事管理制度。建立起一个结构合理的分工协作化组织，并把适当的人力安排到相应的工作岗位上，使人力资源能发挥他们的最大效应，这是人事管理的重要目的。因此，企业要十分重视人力资源的制度化管理。人事管理制度包括员工培训、考评及薪金等内容。

3. 营销管理制度。随着市场竞争愈来愈激烈，营销活动更加复杂，营销管理就是把以顾客为中心、整体销售活动和争取利润有机地结合起来，在整个企业管理中贯彻落实。因此，现代企业日益重视健全营销管理制度。营销管理制度包括市场调查、产品价格管理、销售、客户管理等内容。

4. 财务管理制度。财务管理是根据国家方针、法律，按照资金运动规律，对资金筹措、运用、回收和分配进行科学有效的计划、组织和控制，并正确处理由此引起的经济关系的管理工作。它是企业经营管理的重要环节。因此，中小企业必须建立健全企业财务管理制度。财务管理制度包括成本管理、现金管理、会计管理等内容。

5. 生产管理制度。生产管理直接关系企业的生存与发展。严格的生产管理能够切实有效地保证产品质量，赢得消费者的信任。有效的管理需要制度保障。生产管理制度包括生产作业管理（服务规范）、新产品开发、仓储管理、质量管理、安全卫生管理等内容。

### （三）用人之道

成功的职业经理人或创业者都有一个最大的共同点，即以人为本。作为现代企业的领导者，最困难的不仅在于如何选择人才，而且还在于如何用好人才。因此，经理或创业者必须从人格、态度、能力、工作性格等方面充分了解人才，并与其进行交流沟通，以充分发挥人才的最大潜能。

1. 识别人才。创业者必须学会善于识别人才，发挥每一个员工的特长，努力营造人尽其才的用人机制。要注意识别似是而非的人，有些人因迎合消极甚至迎合落后，容易在群众中成为不良非正式组织的核心人物，而给企业带来负面影响。

2. 管理人才。要注意吸纳那些在工作上具有主动精神的人才，运用激励机制、合理授权等，最大限度地调动人才的积极性。

### （四）当家理财

资金问题是经营活动中关键、敏感的问题。创业者一定要精打细算，处理好资金周转、利润与成本的关系，解决好投资、税收、债务等问题，当好家理好财。

1. 聚钱有方。所谓聚钱，就是对经营所需资金的筹集。对于缺乏资金或者资金不足的经营者，如何筹集到经营所需的资金，这不是一件容易的事。通过借钱来筹集经营资金，是一条捷径。因此，善于谋借，能使自己的聚钱过程游刃有余，从而筹集到充足的资金。

不论采取哪种谋借的形式，也不论通过何种渠道实施谋借，应该遵循如下几项原则：

（1）合理性原则。谋借要考虑现实性和便捷性，根据自己和市场的实际情况进行。

（2）稳定性原则。企业应保证筹入资金的稳定性、相关出资方关系的稳定性。

（3）守法原则。这是强调融资行为必须规范、合法；必须按照有关规定签订借款合同，注明必要的细节；必须信守合同，严格按照合同规定逐步开展相关事宜。

（4）成本效益原则。经营者必须综合考察利率、利润率、财务风险等因素，追求以最小的融资成本换取最大的投资效果，要在保护良好的财务链基础上提高融入资金的经济效益。

（5）安全性原则。向别人借钱与借给别人钱一样有风险，如利率、汇率、政策等风险。若不注意安全性，一旦风险出现，损失是很重的。

2. 省钱有道。就是讲究省钱的方法。经商办企业，一定要讲究省钱，尤其是刚步入社会经商办企业的年轻创业者，更要注意省钱。要省钱就得研究和寻求省钱之道。在创业经营的过程中，可省钱的环节和方法是很多的，如通过财务管理的技巧来省钱，通过降低生产经营管理和人事管理的成本来省钱等，都是常见的省钱方法。这里只介绍通过财务管理技巧来省钱的主要方法。

（1）合法节税。节税，又称税收筹划，是国家税收政策予以引导和鼓励的，是企业财务管理中的重要工作之一。合法节税，有很多方法和窍门。

一是行业不同，则税率不同。在进行投资之前，应该慎重考虑投资产业的类型。国家对不同类型的产业税收政策是不相同的。例如我国对西部地区的产业优惠政策就有规定：对设在西部地区国家鼓励类产业的企业，在2001～2010年期间，减按15%的税率征收企业所得税。

二是地方不同，则优惠不同。选择企业的注册地点也大有学问，可以选择国家出台的优惠政策中鼓励投资发展的地区进行投资。譬如厦门、上海浦东等，此类地区的税率只有15%。又如，西部地区经省级人民政府批准，民族自治地方的内资企业可以定期减征或免征企业所得税，外商投资企业可以减征或免征地方所得税。

三是投资方式不同，则税收不同。如果你是准备选用自有房屋进行投资，那么可在以收租方式和以实物投资参与经营分红的方式中进行选择，比较哪一种方式会明显减低税收负担。一般而言，营业用房产税是以房产余值的1.2%按年征收，这里的房产余值是依照房产原值一次减除10%～30%后的余额计算缴纳；出租房屋的房产税是以租金收入的12％按年征收。如果选择现金直接投资，那么用银行贷款的方法也能达到节税的目的。根据国家规定：以自有资金或银行贷款，用于国家鼓励的、符合国家产业政策的技术改造项目的投资，可以按40％的比例抵免企业所得税。

四是雇人不同，则纳税不同。譬如，一家仅有10人的管理咨询公司，年销售额预计为1 000万元，按正常情况应该缴纳80万元左右的营业税。如何做到一分钱的税也不缴，又不违反税法呢？其实，只要熟悉税法，善于筹划，下面两种方法可以让这家公司免缴80万元的税款。按照规定：新办的服务型企业，安排失业、下岗人员达到30％的，可以免三年营业税和所得税。这个政策看起来简单，但非常实用。该公司可以安排2个下岗女工做食堂工作，再安排1个失业或下岗人员给领导开车，这样，80万元的税就不用缴了。2004年新的税务政策规定：新办的私营企业安排退役士官达到30％比例的，可以免三年营业税和所得税。该公司完全可以招1个退役的男兵开车，招2个退役女兵做秘书和话务员，同样能达到节税的目的。

（2）追讨欠款。企业被别人拖欠债款是在所难免的，一旦出现被拖欠的情况，债权人应该积极地追讨，使债权变成流动资金。那么面对债权被拖欠，该如何追讨呢？

首先，在策略方面，应该摸清债务人的欠债心态和财产状况。债务人一般有几种情况：一是无力还债，债务人面临经营崩溃；二是故意拖欠；三是存心赖账；四是恶意诈骗。

其次，在讨债措施和手段方面，应根据债务人的不同状况，采取不同的讨债手段。可供参考使用的讨债手段主要有公关、行政干预、经济抗衡、中断关系、仲裁、诉讼等。只要采取合适的方法，就可以取得讨债的胜利。

3. 活钱有术。指要把资金盘活，使资金快速高效流转，以减少成本，增加收益。对于创业者来说，在企业经营管理中经常遇到的不是销售问题，而是流动资金不足的问题。处理不好，很易引发多米诺骨牌效应，造成难以克服的困难。因此，资金周转问题是企业财务管理中资金管理的核心问题，必须予以重视。加强资金周转可从五个方面入手。

（1）确定合理的信贷额度。一般影响企业资金的流转，耗占企业资金的就是应收账款，这是由企业给予客户信贷所引起的。那么企业就应有个明确的信贷政策，从企业流动资金承受能力出发，考虑可容许的信贷额度。

（2）掌握付款时机。应付款是企业流动资金的一项重要来源，是占用他人的不用付利息的资金。如果处理得好，企业流动资金就会左右逢源；处理不好，企业就会陷入困境。在具体操作上，可以财务程序复杂、环节多为由延迟付款，但这种方法只能用在短期欠款上。

（3）控制企业存货。存货往往占企业整个流动资产的一半或一半以上。自有流动资金不足的企业，往往要申请贷款采购原料，生产出产品并销售出去后才可收回资金，偿还贷款。如果资金压在存货上，企业利息负担就会加重，成本费用就会上升。应通过加强协作关系，改善物资供应工作，加强仓库管理，降低库存占用。

（4）注意投资预测。有些企业在对某个项目投资后，自身资金往往要比平时缺乏得多，甚至有可能不足以支付一笔平时不以为然的债务。这种资金周转不足容易造成企业的破产。因此，企业投资项目必须进行切实、详细、科学的预测，估算项目所需的投资总额、每次投入的资金数量、项目建成后每期的净现金流入量，同时考虑企业近期可能遇到的债务问题，算出投资回收期。这是投资决策的依据。

（5）注意细节可避免浪费资金。财务管理注意细节可以避免资金浪费。比如一大笔资金或票据送到出纳手里后，就应尽快转向银行，以免白白浪费了几天利息；平时做好现金预算，保证企业有足够现金支付到期的账单和欠款，同时也可提醒你充分利用多余资金，避免浪费和积压；要做好现金收支报告表，加强非营业费用的控制，减少成本开支；注意资金回笼，以加强资金的再次投入生产。

◀ **课程实践** ▶

1. 选定一个市场，比如一个乡镇、城区作全面深入调查，统计个体户所从事的经营项目分属哪些行业，结合自己拟创业的方向选择某一行业进行深入分析，列出还可以投资哪些经营项目。

2. 参观三个零售企业，观察一下三个店的选址、店面外布置和客流情况的区别，写出一份报告，并根据报告说明生意最好的一家商店所具有的优势。

3. 假设在学校里开一间电脑文印店，请你写一份创业计划书。

4. 假如让你创办一个有 10 人的职业指导咨询公司，应聘的人有待业者、下岗工人、退役士官、农民、离退休人员、其他在职人员，你会招聘哪些人？为什么？你想过如何管理好你的企业吗？

5. 创业实务调查：请你拜访一些营销人员，了解他们在营销中的策略；请你走访一些小企业家，了解他们创业的历程，从中积累创业的经验教训。

第六单元

# 职业生涯规划管理与调整

人生伟业的建立，不在能知，乃在能行。人生规划不在乎你规划得是否周到、完善，只在乎你是否实践到最后，让它变成一个现实。

在人生的道路上，成功的秘诀在于持之以恒、锲而不舍，一次、两次不成，就多试几次。能不能成功，全看你是否能坚持到底。多数人没有达到目标，原因就在不能坚持。当然，有时候我们需要调整，需要重新审视，但决不能选择放弃。百折不挠的毅力，乃是成功的必备条件。

再长的路，一步步也能走完；再短的路，不迈开双脚就无法到达。

## 案例

### "打工女皇" 吴士宏的职业生涯

1985 年，年轻的吴士宏从一名医护人员做起，经自学通过高等教育自学英语考试拿到了英文专业的大专文凭，随后于 1985 年 7 月进入 IBM 公司。从蓝领勤务做起，并通过 IBM 公司严格的考试转入专业队伍，获得了第一份在外国公司的工作。在 IBM 公司一开始她做的是行政专员，几乎与打杂无异，什么都干。这段生活对吴士宏的影响也非常大，倒并非是打杂之类的工作对她有什么屈辱，而是身处一群无比优越的真正白领阶层中，吴士宏感到了巨大的压力：常常觉得自己真的没有能力，没有价值。一种强烈的自卑情绪伴随吴士宏相当长的一段时间。1992 年底到 1993 年初，吴士宏经历了她职业生涯中的又一个转折。当时 IBM 公司在中国成立了独资分公司，相应的中国员工也就从外企雇员变成了外资独资企业的直接雇员，原先个人升迁方面的一些障碍也开始消解。在此之前，应聘外企的本地雇员是不可能成为经理的，现在突然开启了一线机会的天窗，吴士宏突然意识到，原来在本地雇员的这一群人中间，她已经走得稍稍靠前了一些。1997 年，吴士宏在广州任 IBM 公司华南区总经理，管理一个拥有 200 多人的公司，需要关心的不只是某一个行业的销售业绩，而是从人事到财务等所有的事务，而且必须能洞察市场的机会和发展趋势。而要把握这类问题，她当时也感到很吃力，就开始非常认真地去看一些市场分析方面的著述。就这样，在 IBM 中国公司工作的 13 年里，吴士宏从一个前台的接待员做起，历任销售代表、销售经理、华南区总经理、网络计算战略研究员，一直做到 IBM 公司中国区经销渠道总经理。

1998 年 2 月，吴士宏离开她工作了 13 年的 IBM 公司，受聘于微软中国公司总经理，登上了职业经理人的一个高峰。从 IBM 公司到微软公司，吴士宏也经历了巨大的文化跨越和个人挑战。如果说从一个超级销售人员的身份中超脱出来，要经历一番痛苦的蜕变，甚至是对自己性格的扭转的话，那么到微软之后，作为经理人，吴士宏又经历了第二次痛苦的挣扎和转变，她不得不同时面临着三大挑战：第一当然是履行总经理之责，全面做好业绩；第二是必须尽可能快地了解这家公司，了解它的人和产品；第三是她不清楚这里的人会不会接受她，这家公司能不能接受她。5 个月的时间，到 1998 年 7 月 19 日微软召开全公司大会时，气氛热烈，是个胜利的、成功的大会，吴士宏心里有一种由衷的欣慰：看，和平过渡完成了！

进微软之后，在吴士宏身上发生的另一个有趣的变化就是她所经历的对数字由厌恶到喜爱的这一过程。以前吴士宏很怕数字，而微软的管理风格是凡事用数字去衡量。微软在做年中总结和年底总结时，都是厚厚的几十页的数字表格，吴士宏第一次看时就犯晕，第二次强迫自己看还是看不明白，一遍遍地坚持看到后来，她开始出现生理反应：恶心。原先吴士宏睡觉前唯一属于自己的一点时间是用来看闲书的，那时为了克服这种恶心，她就把熄灯前的这点时间用来躺在床上对着这些数字表格，反正也看不进去，她就这样一页一页地翻过来，翻过去，一边劝说自己别恶心、别恶心。一个多月折腾下来，那些数字突然变得鲜活起来，她终于看懂了！最后可以用这些数字向微软总裁 Steve Ballmer 和微软的十多个高级官员解释中国的市场，解释渠道政策、销售策略、市场战略等。

1999 年 10 月，吴士宏出版了《逆风飞飏》一书，阐述了其职业生涯和在迅速发展的社会生活中个人的成长思路。《逆风飞飏》曾连续 10 个月名列畅销榜。以个人的作用进行评价，吴士宏既是中国 IT 和互联网发展历程中的风云人物，更是投身于这一行业的年轻人竞相学习的榜样，激励了无数人奋发向上。

1999 年 12 月 1 日，吴士宏加入 TCL 集团，成为 TCL 企业家团队中的重要一员。在 TCL 集团，吴士宏显示出中国目前最为渴求的优秀企业家的素质：既能创立长远的战略构架，又能实在地以传统企业和企业家团队为基础，脚踏实地地制定实施的策略，迅速地将 TCL 集团拓展为中国信息产业的领导者。

2003 年，吴士宏因病离开了 TCL 集团。此后她翻译了几本书，在翻译 2006 年诺贝尔和平奖获得者——孟加拉国经济学家尤努斯的自传《穷人的银行家——小额贷款与抗击世界性贫穷之战》的译序中，吴士宏写道："在商场征战奋斗多年之后，我开始重新思考人生，经过沉重而漫长的思考，我决定后半生将要为他人、为有需要的穷人做事，于是开始做些公益领域的学习和研究。"

吴士宏原先不过是一个中专毕业的小护士，但是她有很强的事业心，积极进取，善于规划自己的职业道路，一步一步地走向成功。从一个护士，到 IBM 公司的小文秘，再到 IBM 公司的销售总监，到微软公司的中国区总经理，而后又毅然跳出微软进入 TCL 集团任副总裁。吴士宏的成功有力地验证了职业生涯规划对事业发展的重要作用。

## 第一节　实施职业生涯规划

## 一、执行职业生涯规划的各项措施

曾有人做过一个实验：组织 3 组人，让他们分别沿着 10 千米以外的 3 个村子步行。

第一组人不知道村庄的名字，也不知道路程有多远，只告诉他们跟着向导走就行了。刚走了两三千米就有人叫苦。走了一半路程时有人几乎愤怒了，他们抱怨为什么要走这么远，何时才能走到，有人甚至坐在路边不愿走了。越往后走他们的情绪就越低。

第二组的人知道村庄的名字和路程，但路边没有里程碑，他们只能凭经验估计行程。走到一半的时候大多数人就想知道他们已经走了多远，比较有经验的人说："大概走了一半的路程。"于是大家又向前走，当走到全程的四分之三时，大家情绪低落，觉得疲惫不堪，而路程似乎还很长，当有人说："快到了！"大家又振作起来加快了步伐。

第三组的人不仅知道村子的名字、路程，而且公路上每1千米就有一块里程碑，人们边走边看里程碑，每缩短1千米大家便有一小阵的欢乐。行程中他们用歌声和笑声来消除疲劳，情绪一直很高涨，很快就到达了目的地。

当人们的行动有明确的目标，并且把自己的行动与目标不断加以对照，清楚地知道自己的行进速度和与目标的距离时，行动的动机就会得到维持和加强，人就会自觉地克服一切困难，努力达到目标。

个人职业生涯规划有了明确的目标，也制定了实现目标的具体措施，最后能否实现规划的目标，关键在于执行职业生涯规划的各项措施。

可以参照现代企业管理的一个重要理念——目标管理，来对职业生涯发展措施进行目标管理。

### （一）进行目标管理

目标管理包括目标制定、目标分解、执行与反馈、效果评估等。在目标管理的过程中要注意几点：

1. 目标要有挑战性，很容易实现的目标是不会激起斗志的。
2. 清楚实现目标的必要条件，去创造条件，达到目标。
3. 将目标分成若干个小目标，不断地突破自我。
4. 根据客观情况对目标进行调整。

### （二）执行措施

进行职业生涯规划目标管理，执行职业生涯规划各项措施有四个方面的内容：

1. 考虑各种途径。一个具体的职业生涯目标可以利用多种途径去实现。在决定选择何种途径之前，首先将所有可能实现目标的途径详细地列出。

2. 选择最合适的途径。依据个人的因素与实际状况评估这些途径的可行性，选择出最合适的途径。

3. 计划与措施。实现职业生涯目标的途径确定后，就要制订具体的行动计划和采取明确的措施。如在提高专业素质方面，你将采取怎样的措施，计划用多长的时间达到目标。措施一般包括工作、训练、教育、轮岗等方面。

4. 实施执行。在计划与措施制订后，就要依阶段性的各个次级目标，拟订执行的步骤，安排执行进度表，付诸实施。

### （三）抓住核心

目标管理要达到两个核心目的，即控制、激励。要实现这两个目的，必须做到：

1. 检查目标实施是否与长、短期计划相结合。

2. 检查是否已建立月计划或周计划任务书制度。

3. 检查目标实施过程中，各评价主体是否科学、客观、公正地评价、检核、诊断、调节，其结果如何。

4. 检查是否已建立目标实施的动态管理。

总目标的实现是从每一天、每一件事开始的。一个人的人生目标通过层层分解，最终会落实到每一天、每一件事上。一个善于对自己实行目标管理的人是从来都不会忽视对每一天的工作或每一件事的计划与总结的。一天的工作结束后，利用 10 分钟的时间做一个简单的回顾与总结，找出其中的经验与教训。然后整理思路，对第二天的工作作一个简单的计划，必要时还可以列一个计划表，第二天按计划安排自己的工作。在做每一件事情之前，同样按照自己的思路列出计划并作好相应的准备工作，之后再将其付诸实施。养成这样的习惯后，你很快就会发现你的工作效率和工作能力得到了显著提高。

# 二、检查职业生涯规划的执行实效

运用 PDCA 循环检查职业生涯规划的执行实效。

PDCA 循环是企业管理中用来提高产品质量的一种方法。PDCA 循环也称戴明环，是由美国著名质量管理专家戴明（W. E. Deming）提出的。这个循环主要包括四个阶段：计划（Plan）、实施（Do）、检查（Check）和处理（Action）。其中包含着八个步骤，这八个步骤是四个阶段的具体化。

PDCA 循环的四个阶段　　　　　PDCA 循环的八个步骤

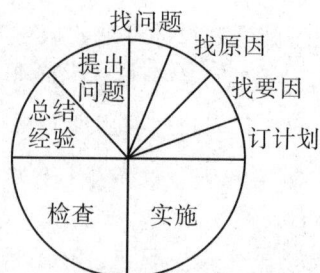

### （一）计划阶段

检查职业生涯规划执行实效的计划阶段包括以下四个步骤：

第一步，分析现状，找出职业生涯规划执行过程中存在的问题。

第二步，分析原因和影响因素。针对找出的职业生涯规划执行过程中存在的问题，分析产生问题的原因和影响因素。

第三步，找出主要的影响因素。

第四步，制定改善职业生涯规划执行的措施，提出行动计划，并预计效果。在进行这一步时，要反复考虑并明确回答以下问题：

（1）Why？为什么要制定这些措施？

（2）What？制定这些措施要达到什么目的？

（3）Where？这些措施在何处即哪个环节执行？

（4）When？什么时候执行？

（5）Who？由谁负责执行？

（6）How？用什么方法完成？

以上六个问题归纳起来就是原因、目的、环节、时间、执行人和方法，也称5W1H问题。

### （二）实施阶段

第五步，执行计划。该阶段只有这一个步骤：按照预先制订的方案去执行。

### （三）检查阶段

第六步，检查计划的执行效果。这个阶段也有一个步骤。

通过做好自检、互检、专项检查等具体行动，将执行结果与预定目标对比，认真检查计划的执行结果。

### （四）处理阶段

处理阶段包括两个具体步骤。

第七步，总结经验。对检查出来的各种问题进行处理，如果是正确的就加以肯定，形成习惯。

第八步，提出尚未解决的问题。通过检查，对效果仍不显著，或者效果仍不符合要求的一些执行措施，以及没有得到解决的执行问题均不要回避，应本着实事求是的精神，把其列为遗留问题，反映到下一个循环中去。

处理阶段是PDCA循环的关键。因为处理阶段就是解决存在问题、总结经验和吸取教训的阶段。该阶段的重点又在于修订计划，包括学习计划和学习习惯。没有学习计划和良好的学习习惯，就不可能使PDCA循环转动向前。

PDCA循环就像爬楼梯一样，一个循环运转结束，执行实效就会提高一步，然后再制定下一个循环，再运转，再提高，不断前进，不断提高。

检查职业生涯规划的执行实效，可以按PDCA循环的四个阶段来实施。

## 三、树立终身发展的理念

实施职业生涯规划，有一个至关重要的理念，就是终身发展。无论是年度规划，或是 3 年、5 年规划，甚至 10 年、20 年规划，每一个规划的实施都不是职业生涯发展的终结，相反，某一时期职业发展目标的实现应该成为下一个目标的起点。因此，终身发展才是职业生涯发展的应有之义。

要想终身发展，必须终身学习。在科学技术呈加速发展、知识积累呈指数增长的情况下，学校教育给一个专门人才的知识，只占他一生所用知识总量的 20％，人的一生只靠在青少年时期的学校教育所获得的科学知识是远远不够的，一般来说，在学校获得需用知识的 10％左右，而其余的 90％要在工作中不断学习才能取得。因此传统的一次性学校教育已无法适应现实的挑战，那种一结束学校教育，找到工作就一劳永逸的体制已成为历史，每一个人要想使自己适应未来工作的需要，就必须树立终身学习观。

同样，中职生只想凭中职阶段所学的知识包打天下，注定会失败。联合国教科文组织指出：学习扩展到人的整个一生，唯有全面的终身学习才能培养完善的人。任何人再也不能企图仅靠在校期间的学习而一劳永逸地获取知识，除了珍惜学校的学习机会外，还要根据生活、工作的需要不断学习，活到老学到老。

教育家康内尔告诫世人：现代社会，非学不可，非善学不可，非终身学习不可。

## 第二节　适时调整职业生涯规划

## 一、审时度势调整职业生涯规划

计划不如变化快。影响你职业生涯规划的因素很多，有的变化因素可以预测，而有的变化因素难以预测，会使我们与原来制订的职业生涯规划目标有所偏差。要使职业生涯规划行之有效，审时度势调整职业生涯规划，不断对职业生涯规划进行评估，修正规划目标、规划策略、规划方案，以适应环境的改变，同时可以作为下轮生涯设计的参考依据。从这个意义上说，反馈调整就是一个再认识、再发现的过程。

职业生涯规划是一个动态变化的过程。当今社会处于激烈的变化过程中，毕业生的就业观念也要相应地改变，打破传统的一业定终身的思想。就业、再就业是大趋势，职业生涯规划也随之根据各种变化来调整。所以环境的变化导致自我观念的变化，反映到职业生涯规划上来，就不能一次把终生的职业生涯的每一个细节都确定下来。

职业生涯规划是需要实践检验和不断完善的，因为人的认识是最复杂和多变的，不是一蹴而就的，要经过不断地实践确认，同时通过逐渐地调整，使得职业生涯规划更加清晰、明确。而人的多变性也会导致人的职业生涯规划目标发生变化。因此整个职业生涯规划要在实施中检验，看效果如何，及时诊断职业生涯规划各个环节出现的问题，找出相应的对策，对规划进行调整与完善。其中，整个规划流程中正确的自我评价是最为基础、最为核心的环节，这一环节做不好或出现偏差，就会导致整个职业生涯规划各个环节出现问题。

在作职业生涯规划的时候，每个人自身和外部环境不一样，对未来目标的设定也不一样，现实社会中种种不确定因素的存在，使我们不可能对未来的外部情况了如指掌，对自己的一些潜在能力也可能了解不够深入，这就需要在实施中不断根据反馈进行规划修正，使之更符合当时的客观环境。职业的重新选择、实现目标的时限调整、职业路线的设定以及目标本身的修正，都属于修正范畴。要充分认识与了解相关的环境，评估环境因素对自己职业生涯发展的影响，分析环境条件的特点、发展变化情况，把握环境因素的优势与限制，了解本专业、本行业的地位、形势以及发展趋势。

调整职业生涯规划的最佳时机有两个：一是毕业前夕，有了求职实践，根据求职过程对自身条件的检验，根据新的就业信息和供需实际，在求职过程中进行调整；二是工作3~5年时，有了从业的实践，根据从业过程对自身条件的检验，根据外部环境和自身素质的变化，在职业转换过程中调整。两次调整可以是近期目标的调整，也可以是远期目标或职业生涯发展路线的调整。

## 二、调整职业生涯规划的方法

在职业生涯发展中，形势会经常变化，考虑到影响职业生涯规划的因素很多，对职业生涯设计的评估与修订很有必要。修订的内容包括职业的重新选择、职业生涯路线的重新选择、人生目标的修正、实施措施与计划的变更等。调整职业生涯规划，实际是职业生涯设计四大步骤的再循环。但再循环不是原有设计过程的简单重复，而是根据现实的自身条件、外部环境，对原有职业生涯的反思和再创造。

### （一）自我条件重新分析

通过"我能干什么，我能干好什么"的自我审视，掌握个人条件的变化以及在职业实践中检验的结果，加深自己的认识，检验自己的职业素质是否符合现在所从事的职业。

调整职业生涯规划时的自我条件分析，不同于第一次进行职业生涯设计时的"分析发展条件的自我分析"，其不同主要表现在两个方面。

1. 自我条件重新分析是在经过职业活动实践检验感受的基础上进行的。在校时的发展条件分析，多半是从理论到理论的分析，对自身条件的分析和外部环境的分析往往带有脱离社会实际的非理性色彩。毕业以后在求职或从业实践中，已切身感受到发展目标、发展平台、发展措施脱离实际，有必要对原先的职业生涯规划作调整。

2. 自我条件重新分析是在对原有规划已有调整意向的前提下进行的，即对新目标有了初步想法。这次调整意向，往往是有了新的发展目标，至少是在对第一阶段目标已经有了调整的决心时产生的。

如果说，职业学校在校生进行的职业生涯规划设计是强调先分析发展条件，后确定发展目标，以避免"眼高手低"，那么已有求职实践或从业实践的年轻人进行职业生涯规划的调整，往往是先初定发展目标，再重新评估自我发展条件，以检验初定目标是否符合实际。

富兰克林说："宝贝放错了地方便是废物。"这句话耐人寻味。通过重新分析自身的发展条件，及时发现自己的长处。经营自己的长处能使人生增值，经营自己的短处会使人生贬值。微软公司总裁比尔·盖茨的最高学历是中学，因为他没有读完哈佛大学就经营电脑公司去了。作为一个及早发现自己的长处并果断去经营自己长处的人，比尔·盖茨最终成了世界首富。我国明代著名医药学家李时珍，早年3次科举考试都失败了，后来他领悟到自己的志趣、特长是悬壶济世后，最终写出了流传千古的医药学巨著《本草纲目》；清代才华横溢的蒲松龄，4次科举考试均落第，待他断然丢弃八股文，立志于文学创作后，才写成了不朽名著《聊斋志异》。这些人早年也是以己之短博世，但他们一旦顿悟，就会果断地修正人生目标，发挥自己的优势、潜能，终有所成。

### （二）重新评估职业生涯机会

通过"外部环境支持我干什么"的自我审视，对求职环境或从业环境再分析，评估自己职业生涯的机遇和阻碍。

调整职业生涯规划时对职业生涯机会评估，虽然也着力于外部环境，即当前经济发展趋势，但这种外部环境的评估，也像自我条件重新评估一样，是在对原目标不满意、对新目标有想法的前提下进行的。

如果在校期间学生进行职业生涯规划设计时，对外部环境的分析大多依靠间接的资料，那么在调整职业生涯规划时对职业生涯机会重新评估，不仅已掌握了许多第一手资料，而且有了亲身的体验与感受。职业生涯机会的重新评估，除了对规划的发展机会再评估外，更要围绕着新的初选目标实现的可能性进行外部环境的分析。

### （三）职业生涯目标修正

通过"我为什么干"的自我审视，在自我条件重新分析和职业生涯机会创造评估的基础上，修正职业生涯规划发展目标或职业生涯阶段目标，即对远期目标、近期目标进行调整。对职业生涯规划目标调整，除了自我和环境再分析的重要依据外，更侧重于目标的价值取向。已有求职实践或从业实践的毕业生，与缺乏求职实践或从业实践的在校生相比，发展目标的价值取向不再是虚拟的、理论的，而是实在的、务实的，这种价值取向，对修正职业生涯发展目标或阶段目标是十分有益的。

选择更适合自己的发展方向，从而为自己的长远发展奠定基础，彻底解决"我为什么干"的问题，是调整职业生涯规划的关键。只有在求职或从业实践中得到感悟，才能使职业生涯规划更加符合自身的实际，做到有的放矢、马到成功。

### （四）职业生涯规划实施措施的修订

通过"干得怎么样""应该怎么干"的自我审视，根据修正后的发展目标和阶段目标制定新的自我提升的措施。

规划的设计、制定很重要，规划措施的贯彻、落实同样也很重要。反省原规划中的发展产生的针对性、实效性，回顾原规划发展措施的落实情况，既有利于新措施的制定，也有利于新措施的落实。这种反省与回顾，不仅是调整职业生涯规划的需要，而且也是自我管理能力提高的过程。

成功的职业生涯设计需要每隔一段时间审视内外环境的变化，并调整自己的前进步伐。调整不是放弃，而是与时俱进。每个人的职业生涯发展都不可能是一帆风顺的，职业生涯规划的调整不但会有"山重水复疑无路，柳暗花明又一村"之感，而且可以使自身素质得到极大的提高。

## 第三节 评价职业生涯发展

## 一、职业生涯发展的评价要素

如何评价职业生涯发展的成功？成功需要有标准，每个人都可以，而且也应该对自己的职业生涯的成功下定义。成功意味着什么？成功意味着发生的事和一定要拥有的东西、成功的时间、成功的范围、成功与健康、成功与家庭、被承认的社会地位、被承认的方式等与自己设定的目标相符。对自己职业生涯目标实现程度的认可描述，其实反映了人的价值观。

我们知道，职业生涯发展成功与否的评价与个人、家庭、企业、社会评价的标准有一定的差异。而对职业生涯成功标准的不同理解和评价会影响人对职业行为的选择。科学、客观、有效的职业生涯成功标准具有强有力的激励和导向作用，会引导我们树立正确的职业价值观，最大限度地开发潜力，在获得自我实现的同时又能为社会作出贡献。反之，则会使人误入歧途，甚至会对个人和社会造成严重的损害。

通常，职业生涯成功评价体系由评价方式、评价者、评价内容、评价标准组成（见下表）。

**职业生涯成功评价体系表**

| 评价方式 | 评价者 | 评价内容 | 评价标准 |
|---|---|---|---|
| 自我评价 | 本人 | 1. 自己的才能是否充分施展<br>2. 对自己在企业发展、社会进步中所作的贡献是否满意<br>3. 对自己的职称、职务、工资待遇等方面的变化是否满意<br>4. 对处理职业生涯发展与其他人生活动的关系的结果是否满意 | 根据个人的价值观及个人的知识、水平、能力 |
| 家庭评价 | 父母、配偶、子女等家庭成员 | 1. 是否能够理解和肯定<br>2. 是否能够给予支持和帮助 | 根据家庭文化 |
| 企业评价 | 上级、平级、下级 | 1. 是否获得下级、平级同事的赞赏<br>2. 是否获得上级的肯定和表彰<br>3. 是否有职称、职务的晋升或相同职务责权利范围的扩大<br>4. 是否有工资待遇的提高 | 根据企业文化及其总体经营结果 |
| 社会评价 | 社会舆论、社会组织 | 1. 是否获得社会舆论的支持和好评<br>2. 是否获得社会组织的承认和奖励 | 根据社会文明程度、社会历史进程 |

不难看出，以上职业生涯成功评价标准主要集中在客观标准和主观标准两个方面。

客观标准是指地位和头衔（等级职位）、物质成功（财富、财产、赚钱能力）、社会声誉、尊敬、威望和影响力等评价指标。客观成功标准使人们对职业生涯成功的评价有了可操作的评价依据，同时也有助于人们明确职业追求的目标，它的局限性在于它忽视了职业生涯成功因个体、民族、社会、时代的差异性其评价标准所具有的多元性和层次性。就个体职业的不同而言，如企业管理者、工程技术人员、官员、文化教育、艺术工作者等其职业生涯成功评价就难以适用统一的客观标准。

主观标准是指自我认同、工作满意和精神满足等评价指标。主观标准弥补了片面以客观标准衡量职业生涯成功的某些不足，但它也有局限性：主观上的工作满意和精神满足只是一种个人化的心理感受，职业满意度并不能真正反映主观成功的本质内涵。一个平庸、职业发展失败的人在特定的时空背景下往往也会有较高的职业满意度。

职业生涯成功主、客观标准的局限性表现在它们大多注重结果，忽视了过程，用片面、静止、孤立的方法去进行评价。未来评价职业生涯成功的趋势应该是将静态和动态、结果和过程、主观和客观结合起来，关注职业生涯成功的成长性。在某种意义上说，一个人在追求职业生涯成功过程中所表现出来的可贵品质及其对生命意义的审美体验，往往比实际的结果更具有社会意义和价值。如新东方科技教育集团的总裁俞敏洪，其职业发展的成功固然重要，但其在取得这一成功过程中所经受的艰难困苦和表现出来的永不放弃的精神品质，对其他人的职业生涯规划更具有激励作用。

成长性是职业生涯过程成功标准的标志。成长性指相对于人们自身职业发展的客观条件、机会等背景而言，在一定的职业发展时限内与自己的职业起点相比较，个人在何种程度上因能战胜困难、超越自我、创造性地工作取得相关的成果或成就所表现出来的心理特质，如信念、勇气、坚忍、创造力等。职业生涯成功主要取决于个人的努力及其优秀的心理品质，而不是靠非常态的偶然因素。所以职业生涯成功评价标准应包含过程成功、主观成功、客观成功三个方面，三者是有机整体，交互促进，缺一不可。评价一个人的职业是否成功应同时参考这三个方面的标准。

具体地说，过程成功（成长性）评价指标包括职业生涯成功的心理品质、职业生涯成功的正当性和价值性、对成功难度的跨越、取得职业生涯成功的速度。主观成功评价指标主要是职业满意度；客观成功评价指标包括薪酬、晋升、影响力。

## 二、职业生涯规划的自我评价

如上所述，成长性是职业生涯成功评价的重要标准。这个标准能引导我们更加注重职业追求的价值性、过程性、意义性和自我挑战性，采用积极正当的手段和方式，培养优秀的心理品质快速赢得职业生涯成功。每个人的职业发展既要追求外在的薪酬、职位或影响力，更要重视内在的心理品格、对生命意义的体验和精神上的满足。

对于在校的中职生来说，职业生涯成功的自我评价主要是培养自己的成功心态，塑造自己成功的心态，为实现自己的职业理想而努力奋斗。

在校中职生的成功心态，主要包括以下方面。

1. 学习的心态。学习是给自己补充能量，先有输入才能输出。尤其在知识经济时代，知识更新的周期越来越短，过时的知识等于废料，只有不断地学习，才能不断摄取能量，才能适应社会的发展，才能生存下来。要善于思考、善于分析、善于整合，只有这样，才能创新。

2. 乐观的心态。事物永远是阴阳同存的，积极的心态看到的永远是事物好的一面，而消极的心态只看到不好的一面。积极的心态能把坏的事情变好，消极的心态能把好的事情变坏。当今时代是悟性赛跑的时代！积极的心态像太阳，照到哪里哪里亮。除了心态积极，富有幽默感往往是一个成功人士必备的特征，面对失败、挫折、尴尬等能够采用幽默的方式来处理，一方面显示应对者良好的心理素质，另一方面能给他人留下非常深刻的印象。积极和幽默构成一个人乐观的心态。

3. 合作的心态。合作是一种境界，合作可以打天下，强强联合。合力不只是加法之和，$1+1=11$，再加 1 是 111，这就是合力。但第一个 1 倒下了就变成了$-11$，中间那个 1 倒下了就变成了 $1-1$。合作就是把积极的人组织在一起做事情。

4. 谦虚的心态。去掉缺点，吸取优点。虚心使人进步，骄傲使人落后。谦虚是人类最大的成就，谦虚让你得到尊重。

5. 坚持的心态。90％以上的人不能成功，为什么？因为90％以上的人不能坚持。坚持的心态是在遇到坎坷的时候反映出来的，而不是顺利的时候。遇到瓶颈的时候还要坚持，直到突破瓶颈达到新的高峰。要坚持到底，不能输给自己。

6. 感恩的心态。感恩周围的一切，包括坎坷、困难和我们的敌人。事物不是孤立存在的，没有周围的一切就没有个人的存在。首先感恩我们的父母，是他们把我们带到了这个世界；其次感恩公司给了我们这么好的平台；再次感恩我们的上司，是他给了我们这么好的信息，并帮助我们，鼓励我们；还要感恩我们的伙伴，是大家的努力才有我们的成功，要感恩一切。

成功很简单，只是简单的事情重复做，养成习惯，如此而已。以下是成功者13个价值连城的习惯，我们称之为百万元的习惯。

习惯一：成功者清楚地了解他做每一件事情的目的。成功者虽重视事情的结果，但更重视事情的目的，而目的清楚则有助于他获得结果并且享受过程。

习惯二：成功者作出决定迅速果断，之后若要改变决定，则深思熟虑。一般人经常在下决定时优柔寡断，决定之后却又轻易更改。成功者之所以能迅速作出决定，是因为他十分清楚自己的价值层级和信念，了解事情的轻重缓急，因此能系统地处理事情。

习惯三：成功者具有极佳的倾听能力。倾听并非只是去听对方说的话，而是去听对方话中的意思。倾听的技巧包括倾听时不打断对方的谈话，把对方的话听完；即使不需要记录都可以听出对方的意思；把所有的问题记在脑海，等对方说完后再一同发问。

习惯四：成功者设定当日计划。成功者在前一天晚上或一早就会把第二天或当天要处理的事情全部列出来，并依照重要性分配时间。他是管理事情而非管理时间。

习惯五：写日记。写日记的法则是保持弹性，重表达思想，而不用太多严格的规则；持续；用来设计生命价值和中心思想；记录每件事情的差异化；记录特殊时刻及事件；解决问题；更好地解决问题；在日记上写下自己的宣言；把每天写下的东西在月底复习，深刻自己的记忆和经验。

习惯六：做喜欢的事。

习惯七：勤于练习基本动作。

习惯八：运用自我暗示的力量。自我暗示就是用强烈语气把目标念出来，告诉自己，相信它。

习惯九：运用冥想的技巧。当你不断想象自己达到目标时的情景，那么潜意识会引导身体达到那些效果。

习惯十：保持体力或创造更多精力。

习惯十一：成功者人生的目的通常是超越自我，立志为大多数人贡献自己的力量。

为使命而非为金钱工作。

习惯十二：成功者有系统。成功者都有一套方法来整理思想、行为，因此能不断实践在自己身上，并且教导别人。

习惯十三：成功者找方法，失败者找理由。成功者愿意做失败者不愿意做的事情。

### 课程实践

1. 请按下表格式分析职业生涯哪些因素是不变的，始终对自己的职业生涯发展是有积极影响和决定作用的，并且按照自己的安排，填写这些不变因素。（也许，在鼓励你作周密的职业生涯设计时，遇到最大的阻力是你认为人生和职场的变数太多。我们建议，如果那些偶然因素自己不能把握的话，不妨用更多的时间去把握那些必然的因素，你也可以总结一下，哪些因素是不变化的，始终是正面的促进因素，只要你自始至终追求和建设那些不变的因素，你在实现职业生涯的时候心就不会虚）

| 我认为有下列不变的、正面的因素，将一直对我的职业生涯起积极的作用 | 我在这些年龄段将采取何种措施发展这些正面的、积极的因素，把它发展到何种程度，使之真正成为我职业生涯的促进因素乃至决定因素 | | | | | |
|---|---|---|---|---|---|---|
| | 现在 | 25岁时 | 30岁时 | 40岁时 | 50岁时 | 60岁时 |
| 因素1 | | | | | | |
| 因素2 | | | | | | |
| 因素3 | | | | | | |
| 因素4 | | | | | | |
| 因素5 | | | | | | |

2. 从幼年到现在，通过你的观察和体验，你一直希望为家庭或为自己解决的问题或实现的愿望有哪些？

| 问题 | 问题描述 | 解决方式 | 自己做一些什么事情可以解决此问题或达到愿望 |
|---|---|---|---|
| 家庭问题 | | | |
| | | | |
| | | | |
| 个人问题（或愿望） | | | |
| | | | |
| | | | |

3. 用五个"what"归零模式对自己的发展条件进行再评估。

| 分析项目 | 分析结果 |
|---|---|
| What are you?（对自己的个性、愿望、能力等的剖析） | |
| What do you want?（毕业想从事的工作是什么） | |
| What can you do?（能干什么） | |
| What can you support?（家庭、朋友、政府、社会等环境支持或允许干什么） | |
| What can you be in the end?（最后试着决定自己的职业目标是什么） | |
| 试评价自己最后决定的职业目标 | |

4. 参照第三节评价职业生涯发展介绍的思路，评价自己的职业生涯规划。

# 附录一　职业生涯设计书实例

## 我的人生我做主
### ——创造梦想中的乐园

广西药科学校　黄水珠

有一首歌中唱道"跟着感觉走"，在学习职业指导和职业生涯规划之前，我也是这样做，生活、学习都是跟着感觉走。在学校开展职业生涯规划活动后，我意识到我的人生我做主，要好好规划自己的路，再不能跟着感觉走，因此就有了做职业生涯规划的想法。

### 一、发展条件

（一）社会环境和行业情况

在回归自然的世界潮流中，国际医药界正在进行一场扩大天然药物使用的"绿色革命"。中药作为主要的天然药物，其开发与应用正成为世界各国医药产品发展的方向之一。中草药的成本较生化药品制造成本低，在全球有76％的人接受过中医治疗或保健，全球天然药物的销售量每年以10％的速度增长。国际草药产品的贸易迅速发展，中药在欧洲市场的销售量近年有很大的增长。中草药正为越来越多的患者所认同，其作为替代疗法已经为美国和欧洲的药品管理部门认可。

中药产业已在全球范围内展示出更加广阔的市场前景。中药产业作为"国家战略产业"发展，已经写入我国《中药现代化发展纲要（2002—2010年）》，中药行业的发展已列入国民经济和社会发展"十一五"规划。

随着中国加入WTO，中药出口、进口和进出口总和都创下了历史最高值。中草药价格在国际、国内市场一路看涨，中草药种植业作为朝阳产业，有着不可限量的发展前景。投身于此，我对我的未来人生之路充满信心。

（二）广西区情

广西是全国中草药资源大省，中草药物种达到4 600多种，仅次于云南，在全国名列第二，中国400多种常用中药原料中，有70多种主要来源于广西。除丰富的野生资源外，广西人工种植药材也颇具规模，种植药材面积约占全国栽培面积的1/5，是全国四大药材产区之一。广西已把医药产业列为六大支柱产业之一，并提出要做大中草药产业，打造"八桂药谷"，创建"南方药都"。

广西中药材出口迅猛增长还体现了一些利好因素：首先是各国对中药材的需求量不断上涨，日本、澳大利亚、美国都从广西进口中药材，东南亚国家更有长期使用中药治病的习惯，我国的中药在东南亚市场上享有很高的声誉；其次，我国与东盟国家之间农产品交易大幅降低关税，在中药材出口方面，广西的优势毋庸置疑。因此在广西种植中药材具有优越的区位优势和良好的政策扶持，这将是我大展宏图、实现人生价值的重要舞台。

（三）自身条件

1. 结合职业测评。我的价值观核心是给予他人帮助，给人以方便。适合我的职业有人力资源开发、培训、招聘人员、销售经理、市场开发拓展人员、企业、团队培训人员、营销、销售等。

2. 个性方面。（1）自省力强，容忍力强，善于换位思考（具有同情心），遇到问题经常从自身找原因。（2）脾气好，不易发火。（3）性格外向，沟通、表达能力较强。（4）适应能力强，能迅速改变自己的办事作风及目标。兴趣广泛，对自己感兴趣的东西接受能力强。（5）对收集自己所需要的信息求知欲和技能比较强。

个性随和容易当老好人，有些事情不能坚持原则。

3. 学历、学识方面。（1）专业：中药专业（中药种植方向），学校的主干专业课程是关于中药加工、中药调剂、中药种植技术和中药种植园的管理。（2）学习能力较强，准备选修和自学药品营销及经营管理的课程。

4. 家庭背景。我的家乡在广西比较贫穷落后的山区，我生长在农村，从小养成了吃苦耐劳的精神。农村缺医少药，当地人都使用野生中草药治病，但没有种植的习惯，当地山地比较多，种植的农作物大多都是杂粮，收成比较低，老百姓的生活都比较贫穷。如果能充分利用当地丰富的山地资源，积极引导农民进行中草药种植，不失为一条脱贫致富之路，也是我成就事业的有利平台。

二、我的职业目标

通过以上因素的分析，我确立了我的 10 年职业生涯目标——创立一家中药种植—加工—销售一体化的药材公司（2007～2017 年）。

三、阶段性目标和具体措施

（一）2007～2009 年（在校学习和实习阶段）

目标：圆满完成中职中药专业课程的学习，通过实习提高自身的实践能力和动手能力，全面提高综合职业素质，成为优秀毕业生，为就业打下良好的基础。获得中专毕业文凭、中药商品购销员和中药材种植员中级职业资格证书。

具体措施：

1. 认真学好专业知识，特别是中药种植、中药加工、中药鉴定、中药养护等专业主干课程，坚持自己动手做好每一次实验，利用课外时间广泛涉猎中草药种植、加工和销售方面的知识，同时注意收集相关信息。积极参加学校及班级的各种活动，利用假期到药店做一些兼职推销工作，扩大人际交往，积累自己的社会人际关系，努力缩小与职业目标所需专业知识和专业技能的差距。

2. 到医药公司实习，从事中药调剂员工作。以学徒的心态虚心好学、不怕吃苦、主动肯干，搞好与带教老师和同事的关系，尽快熟悉和掌握审核中医处方药味、名称、剂量、用法、处方脚注；按处方进行中药饮片的调配；对调配后的药剂进行复检；将中药饮片进行临时炒、炙处理等中药调剂工作，争取在最短时间内达到中药调剂员的基本工作要求。

3. 毕业前要考取中药材种植员和中药商品购销员中级职业资格证书，为毕业后从事这方面的工作作好准备。

（二）2009～2011 年（工作 2～3 年阶段）

目标：毕业后到一家比较大型的医药公司从事中药商品购销员的工作，因为在校已考取中药商品购销员中级职业资格证书，到单位后可以直接上岗。通过努力学习和积极实践，做到能够对中药材、中药饮片及中成药进行真伪优劣的鉴别，确定其规格等级，验收入库；根据市场需求进行中药商品的采购和推销，根据中药材、中药饮片和中成药的特性及进出库凭据，进行保管养护。熟悉中药材采购、销售、保管养护的整个流程，为自主创业做好知识和经验的准备，也为创业作一些资本积累。

具体措施：

1. 这一阶段要多了解这个行业、职业的方方面面，尽快熟悉岗位的操作规程和岗位职责，积极参加公司对新员工的各种培训，多向有经验、懂技术的前辈请教学习，积累工作经验，提高职业能力。

2. 参加成人高考，攻读在职中药学专业成人大专，提高学历，为考中药师作好准备。

3. 注意收集中草药种植的最新信息和国家政策动向，多争取机会参观考察中药种植基地，学习取经，积累感性认识。

（三）2012～2013 年（创立中草药种植基地阶段）

由于国家有政策积极鼓励大中专毕业生自主创业，在贷款、纳税、办证、管理费等方面都有优惠政策，这使我创业有了良好的外部环境。

具体措施：

1. 通过家人支持、个人存款和银行贷款，筹集 15 万元作为启动资金，种植基地就能正常周转。到我的家乡租用山地 300 亩，建立中草药种植示范基地，因势利导，鼓励和引导当地农民大力发展中草药种植产业，为以后成立药材公司形成收购基地。根据我的调查，由于家乡比较偏僻，山地资源比较丰富，每亩地每年 50～80 元租金即可，300 亩约15 000元，剩余的买种子、化肥，这是主要开支；当地劳动力资源相当丰富，人工费比较低。种植品种主要是鸡骨草、金银花、山药、生地、板蓝根、桑叶、凉粉草、粉葛。据调查 1 亩粉葛产量约有2 500千克，按目前的收购价每千克3.60 元计算，仅粉葛一项收入就有9 000元，除去成本纯赚7 000多元，利润是相当可观的。

2. 聘请具有"中药材生产管理员"资格、有实际工作经验的技术人员，从事中药材种植、采集、加工和收购的技术员指导，并负责对种植员工的技术培训和指导。

3. 向有经验的技术人员学习，并把在学校学到的知识运用于实践，学会鉴别中药材种子、种苗的真伪优劣；选种育苗，择地下种；进行锄草、施肥、灌溉等田间管理；防治病虫害；适时采收药材，并进行加工处理；进行数据统计和主要经济技术指标的记录、计算。

4. 到学校招聘中药种植专业毕业生到种植基地工作，提高员工的专业化水平。

（四）2014～2015 年（创立中药材收购、加工、销售的药材公司阶段）

目标：通过中药材种植 GAP（种植规范化管理）认证，提高自身的经营管理能力，使中药种植基地按照 GAP 要求运营；创立药材公司；完成成人大专的学习并取得大专文凭，继续攻读函授本科，考取中药师技术职称。

具体措施：

1. 按照 GAP 认证要求，积极准备，使中药材种植基地能够通过 GAP 认证，从此走上集约化、规范化的发展道路。

2. 中药材种植基地发展到一定规模后，成立自己的药材公司，全面介入中药材的种植、收购、加工、销售，使公司营利范围扩大。

3. 中药材是特殊商品，它有一定的社会总需求量，"少了是宝，多了是草"。生产过剩，不仅给生产者带来损失，也给社会造成浪费，甚至会影响市场和中药材质量的稳定。所以要以中药材生产、加工、流通体系为重点，重视中药材市场行情与价格预报信息的收集。

4. 参加在职函授本科学习，积极参加专业培训学习，自学经营管理和营销方面的知识，多到一些知名中草药种植基地参观学习。

（五）2016～2017年（药材公司稳步发展阶段）

目标：形成"公司＋基地＋农户"的种植模式，使中药种植—加工—销售一体化的药材公司不断做大做强，走出国门，面向东南亚，开展中药材出口贸易。

具体措施：

1. 按照"公司＋基地＋农户"的种植模式，帮助农户开展个别品种订单式种植和特色药材规模种植，指导帮助中药材种植户逐步走上市场化、信息化、规范化的良性发展轨道，使农民增收致富，走上小康之路。

2. 以制药企业和中药材专业市场为依托，建立起本公司的销售网络，使公司稳步走上中药种植—加工—销售一体化的良性发展轨道，不断做大做强，走出国门，面向东南亚，开展中药材出口贸易。

无论我们有什么样的梦想，现在是停止梦想、开始行动的时候。乔治·萧伯纳说过：征服世界的将是这样一些人，开始的时候，他们试图找到梦想中的乐园；当他们无法找到的时候，他们亲手创造了它。让我们开始创造我们梦想中的乐园吧！

（此文荣获教育部全国第四届中等职业学校文明风采"职业生涯规划"比赛一等奖。指导老师：许援竺）

# 创建一家中小学营养药膳配送中心

广西药科学校　方阻丽

## 一、职业目标

记得一位哲人这样说过："朝着梦想走好每一步，这就是你的人生。"相信每个人都有自己的梦想，都在规划着自己的人生。我的梦想是创建一家中小学营养药膳配送中心，目标是为中小学生配送营养药膳套餐，为他们的健康成长贡献力量。

## 二、自我分析

我是广西药科学校2006级中药专业的一名学生会干部，来自农村，具有农村孩子勤奋、机灵、勇敢、吃苦耐劳的品质，有助人为乐的精神，有爱心。热爱学习，成绩优秀，很有上进心，做事认真负责，具有一定的交流沟通能力。我喜欢阅读各类书籍，尤其是医药类的。我记忆力好，接受新事物、知识的能力强。刚进药校，就选择了职业道德与职业指导课程，在老师的指导下，做了"霍兰德六种个性和职业类型特点及匹配"的心理测试，测试结果表明我的职业兴趣和职业倾向是适合以"企业型"为主的职业；做了创业基本类型测评，结果表明我的创业类型为"生活服务型"。

## 三、市场需求和职业分析

1. 学生家长需要。饮食营养与人的健康关系非常密切，是维持人体生命和机体活动代谢最基本的条件。营养指的是合理的平衡膳食，其合理利用可促进生长发育，增进健康，提高机体防治疾病的能力和延缓衰老。营养对青少年尤其重要，不但是生长发育的必要条件，还可以益智健体。而一日三餐中以午餐最为重要。为了工作、家庭两不误，越来越多的家长渴望学校开设营养药膳食堂。

2. 学生健康成长的需要。我国近年营养调查表明，处于生长发育阶段的中小学生，每日摄入的热量、蛋白质、钙、锌、铁、维生素 A、维生素 $B_2$、维生素 C、维生素 $D_3$ 等营养素明显不足，如维生素 A 和胡萝卜素，中学生摄入量不足者占 50%；钙也只有标准供给量的 42%～61%，而且年龄越小供应越不足。由于我国膳食中铁的吸收利用率低，0～20 岁人群贫血患病率为 6%～29%。我国 7～18 岁男女生营养不良患病率分别为 26.87% 和 38.27%，比 1985 年分别上升了 4.66 个百分点和 3.46 个百分点。所以，中小学生的营养素缺乏问题已经引起了家长、学校的重视。目前在中小学生营养膳食方面存在的两大问题是营养不平衡与某些营养素摄取过多。儿童肥胖病、少年高血压发病率呈逐年上升趋势，已达 3.11%，且都与营养搭配不当有关。又由于营养摄入不均衡，引起青少年身高和体重差异大、学习记忆力衰退、视力下降等不良后果。家长在对孩子的营养调节方面往往具有盲目性，因此渴望有营养药膳师对学生的健康成长进行科学合理的营养配送。

3. 市场需要。营养药膳师是从事营养健康指导、营养健康知识传播，促进社会国民健康工作的专业人员。营养药膳学是在西方营养学的基础上，结合中华药膳食疗的内容，吸收中外科学的药疗、食疗及烹饪技巧和方法，对人群进行健康指导，做到四时养生，有病早治，未病先防。目前，世界上某些发达国家约每 400 人就有一名营养师，而我国 13 亿人口只有 3 000 名营养师，并且基本分布在医院，而在学校很难找到营养师。据调查分析，目前我国大约需要 400 万名高技能营养师填补空缺。人力需求研究表明，营养师是我国十类紧缺人才之一，而营养药膳师则位于 21 世纪十大热门职业之首。我国近年来颁布的《国民营养改善条例》，规定所有医院、机关、学校、幼儿园、餐饮业，凡超过 300 人用餐的食堂必须配备专业营养师，从法律上保证了营养师广阔的就业空间。一向不被注意的营养师将成为热门职业。

**四、学习环境分析**

我校的中药标本室有各类中药标本 5 334 份，该室已被列入中国植物学会编撰的《中国植物标本馆索引》，并被国际植物分类学会注册认可。而广西药用植物园与我校仅是一墙之隔，是学校的教学实训基地，已引种栽培药用植物近 3 000 种，是目前亚太地区规模最大、种植药用植物最多的专业性药用植物园。这对我认识和了解中草药的作用是非常有利的，也为今后实现自己的理想目标奠定了良好的基础。

要实现我的职业目标，既要具备中药学、中医学方面的知识，又要具备烹饪方面的知识，还需要有较强的管理能力和足够的资金及能承担风险的心理素质。这些要求，目前我都还没有具备，要实现自己的目标，需要不断地去努力。为此，在老师的指导下作了如下规划。

（一）学习阶段（2007 年 6 月至 2012 年 6 月）

1. 中专的学习期间（2007～2009 年）。理论学习：刻苦学习中药专业知识，掌握最常见的中草药形态、药理作用、药用指导等。学好中医药基础、药用植物、中药炮制、中药鉴定等主修课程。熟悉中草药的形态结构并了解其作用及使用方法、主含的成效药。社会实践：与植物园药膳馆老板联系，争取今年暑假开始到药膳馆见习、义务劳动。刚开始协助他们搞好卫生，如拖地、洗碟子、洗菜等。力争赢得老板赏识，让我学上茶、上菜，对我进行有关餐饮服务礼仪的培训等。通过实践，熟练掌握餐饮服务礼仪，树立服务意识，学习餐饮管理方法，并注意分析和了解各种菜的配方和烹调技术等。不断学习调配药膳菜肴和练习厨艺。此外，利用课余时间到广西药用植物园和学校标本室认药，并熟记各药功效。在重视学习与实践的同时，不断提高自身的文明素质。

2. 大学学习期间（2009～2012 年）。通过成人高考，考取广西中医学院中医学专业（脱产）。期间要做到：（1）学好专业课程。如中医营养学、营养与食品卫生学、营养与疾病、社会医学等专业理论课程。知识积累既要广、博，又要专、精，力争本科毕业获得优秀毕业生称号。（2）参加社会实践。争取到广西中医学院第一附属医院实习。该医院在广西中医方面的综合实力是一流的，特别是食疗营养科。通过实习，了解和熟悉中小学生常见的疾病，并归类整理，对各种病状的学生在饮食方面的要求进行分析，了解他们的饮食情况及要求，熟悉各种疾病的配方，研究其营养药膳的配方。同时，争取用业余时间到食疗营养科见习，学习营养配方、药膳配方，了解他们如何根据不同的疾病来配方。

（二）创业第一个五年计划（2012年7月至2017年6月）

1. 到餐馆工作2年，在工作的同时，用业余时间参加药膳师、营养师学习班，掌握烹调技术，并取得中级药膳师、营养师资格证书。

2. 工作第三年到第五年。这3年时间，进入南宁市的一所中学或小学食堂工作。了解并熟悉中小学生的饮食情况、身体健康状况等。每天做好学生用餐记录，每个月对各种情况进行分类归纳、配方，一是营养保健类，二是治疗疾病类。让自己配制的药膳营养套餐既美味又可预防、治疗疾病。

3. 本科毕业，能熟练使用电脑。

（三）创业第二个五年计划（2017年7月至2022年6月）

1. 在南宁承包中小学食堂。承包资金主要来自家里的亲戚支持。由于首次创业，缺乏经验，为了降低投资风险，从小的做起。但我会用心去经营，每天深入学生生活，了解学生的喜好。同时与校卫生室联系，根据学生每年体检情况，对学生身体素质存在的问题进行营养配方，制定每周菜单，并根据学生用餐情况及市场供应情况，时时更新，使学生身体所需的各种营养素得到平衡。开始先承包一家，在经营上，我主要负责营养配方及调查了解和监督，另聘请厨师及其他工作人员。预计每年纯收入有2万元左右。

2. 参加在职研究生班学习，取得MBA硕士学位。参加营养师培训班学习，取得高级营养师、高级药膳师资格证书。

（四）创业10年后（2022年以后）

历经10年创业，有了一定的经验积累，通过自筹资金和银行贷款等途径，在南宁市创办一家中小学营养药膳配送中心并注册商标，面向南宁市中小学配送营养药膳套餐。

1. 在经营方面，根据中小学生出现的微量营养素供给不足、营养不平衡、贫血、肥胖、高血压等不良症状，认真研究营养、药膳配方，大胆实践，经常以优惠价推出新品种，让学生真正享受到美味实惠的营养、药膳菜谱，使学生身体得到健康成长。

2. 在管理方面，除抓采购、财务外，重点抓工作人员的培训。加强内部建设，建立配套的激励机制，充分调动全体员工的积极性，形成具有向心力和凝聚力的集体。有他们的支持和努力，相信用3年时间就能收回投资成本。

从事餐饮最大的风险是菜肴无特色和管理不善，我将通过自己最大的努力降低投资风险。

长寿源于健康，健康源于科学膳食。我相信：我努力，我成功！

（此文荣获教育部全国第四届中等职业学校文明风采"职业生涯规划"比赛一等奖。指导老师：庞少红）

# 附录二　创业计划书实例

## 液化气门市部创业计划书

### 一、前言

融安县素有"小柳州"之称，居民使用液化气尚未得到普及。随着居民生活水平的不断提高，液化气市场的发展将成为一种趋势。融安县许多居民、快餐店等还使用煤、木材做燃料，针对这一市场空隙，开办液化气门市部将有广阔的市场前景。

### 二、基本情况

融安县地形复杂，丘陵、山地占土地总面积的80%以上。根据国家实行的封山育林政策，居民不得随意砍林伐木。因此可以预计居民生活方式将随之改变，原来的木柴燃料将逐渐被液化气所替代。

融安县城人口约4万，人均总收入2 700元，职工人均工资5 200元，可支配5 000元，消费性支出4 100元。

融安县城分为河西和河东。河西为旧街区，有液化气门市部14家；河东为开发区，有液化气门市部4家。液化气门市部分布较集中，河西的主要分布在新民二区，河东的主要分布在河东新城区。

### 三、市场调查分析

为了了解融安县城液化气普及与推广情况，我们采用了访问、观察等方法进行调查。据调查，融安县用液化气做燃料的主要是经济收入较高的居民、工薪阶层家庭等，大部分的农民、快餐店尚未使用。

### 四、经营项目确定

根据以上定性分析，确定本店业务为销售液化气及其燃器具。

### 五、目标市场

1. 开发区居民。
2. 收入较高的农村居民。
3. 生活富裕的菜农。
4. 快餐店、饮食店。
5. 生活小区的居民。

### 六、竞争对手分析

1. 优势：物美价廉、进货较近、服务态度好、店面租金低、足够供应量、附近有快餐店。
2. 劣势：资金不足、销售网络不完善、地理位置不利、规模小、无促销手段、不能及时掌握消费者的信息、没有抓住机会壮大发展。

### 七、店址选择

长安镇是逐渐向河东发展的，因此，本店店址定在河东县信用联社对面，面积 35 平方米（长 7 米、宽 5 米），地处县汽车站附近，靠近开发区的生活区，是乡镇、农村居民的主要集散地。

### 八、店面设计

店名：便民液化气门市部。

广告词：价廉快捷是您明智的选择，信誉质量是您安全的保障。

### 九、资金预算与筹集

1. 投资预算（见下表）。

**投资预算明细表**

| 投资项目 | 数量 | 金额（元） |
|---|---|---|
| 五菱微型车 | 1 辆 | 10 000 |
| 液化气罐 | 30 个 | 2 400 |
| 燃气灶 | 30 台 | 2 500 |
| 热水器 | 10 台 | 4 000 |
| 其他厨具 | 25 件 | 600 |
| 零件 |  | 300 |
| 广告传单 | 1 次 | 100 |
| 店面装修 | 1 次 | 1 000 |
| 办证费用 |  | 300 |
| 电话安装 | 1 部 | 800 |
| 流动资金 |  | 5 000 |
| 合计 |  | 27 000 |

2. 筹资，争取他人投资，计 27 000 元。

3. 成本分析。

固定成本：店面租金每月 1 000 元，水电费每月 80 元，折旧费每月 81 元，工资每月 1 500 元，电话费每月 50 元，各项合计每月共 2 711 元。

变动成本：约计每罐 41 元。每罐气售价以 48 元计，营业税为 5％。

每天盈亏平衡销量＝2 711÷[（48－41－48×5％）×30]＝20（罐）

### 十、定价策略

采用渗透定价策略：拉大批零差价，调动代理商宣传和销售的积极性，折扣结合批量，鼓励大额订单，顺应市场变化及时灵活调整。

### 十一、投资回收期分析

| 时间（年） | 现值系数 | 年净利润 | 净现金流量 | 净现金流量现值 | 累计 |
|---|---|---|---|---|---|
| 0 |  |  | 27 000 |  |  |
| 1 | 0.952 | 10 000 | 15 400 | 14 661 | 14 661 |
| 2 | 0.907 | 12 000 | 17 400 | 15 782 | 30 434 |
| 3 | 0.864 | 15 000 | 20 400 | 17 626 | 48 069 |
| 4 | 0.823 | 17 000 | 22 400 | 18 435 | 66 504 |
| 5 | 0.784 | 2 000 | 25 400 | 19 914 | 86 418 |

投资回收期＝1＋（27 000－14 661）÷15 784＝1.782 年，即约为 2 年。

**十二、需办证件**

消防证（林业局）、营业执照（工商局）、税务证（税务局）。

**十三、经营策略**

1. 经营方式：5 人合伙经营，具体分工为 2 人送货上门及修理燃器具等，1 人组织进货，1 人管理，1 人负责公关。

2. 营销目标：总目标是良好的社会效益、知名度提升和一定的经济效益。社会效益目标是树立本店的形象，带动和引导各阶层消费者的消费；经济效益目标是日销量为淡季 25～30 罐，旺季 30 罐以上。

3. 提高本店的知名度和美誉度：开业时请物业公司等有关人士参加开业活动；印发大量传单进行大力宣传，并实行开业优惠 3 天；树立"价格实惠，质量保证，至诚服务"的形象。

4. 公共关系：长期保持与物业公司的联系，以便得到物业公司的大力支持；与顾客、供应商、生活区居民建立良好关系；开展"送温暖活动"，逢年过节对孤寡老人和军烈属进行慰问，赠送燃器具、免费换气等，以吸引新闻媒体的关注与报道。

5. 提高服务质量：推出电话购货服务等。

6. 营业推广：薄利多销，一次购买 10 瓶以上者赠送纪念品一份；与信用社建立良好的关系，推出顾客咨询卡，凭卡优惠；定期与老顾客、大客户联系，加深感情。

# 附录三　职业与创业素质测评

## 霍兰德职业兴趣测评

**请在每一道题后面作出判断，回答"是"打"√"，"否"打"×"，"不确定"打"○"。**

R

1. 你曾经将钢笔全部拆散加以清洗并能独立地将它装配起来吗？

2. 你会用积木搭出许多造型或小时候常拼七巧板吗？

3. 你在中学时喜欢做实验吗？

4. 你喜欢尝试做一些修理、电工、木工之类技术性的工作吗？

5. 当你家里有些东西需要修补时，常常是由你做的吗？

6. 看到老师在做活儿，你能很快地、准确地模仿吗？

I

1. 你对电视里或单位的智力竞赛很感兴趣吗？

2. 你经常到书店翻阅图书吗？

3. 你常常会主动地去做一些有趣的习题吗？

4. 你总想要知道一件新产品或新事物的构造或工作原理吗？

5. 当同学或同事不会做某一道习题来请教你时，你能给他讲清楚吗？

6. 看推理小说或电影时，你事先的分析时常与结果相吻合吗？

A

1. 你对戏剧、电影、文艺小说、音乐、美术等其中某方面较感兴趣吗？

2. 你常常喜欢对文艺界的明星评头论足吗？

3. 你曾参加过文艺演出或写过诗歌、短文且被媒体采用吗？

4. 你喜欢把自己的住房布置得优雅一些而不喜欢豪华吗？

5. 你觉得你能准确地评价别人的美感如何吗？

6. 你觉得工作之余坐下来听听音乐、看看画册或戏剧等是你的最大乐趣吗？

S

1. 你主动给朋友写信或打电话吗？

2. 你能列出 5 个你自认为够朋友的人吗？

3. 你喜欢去新场所活动并结交新朋友吗？

4. 对一些令人讨厌的人，你常常会由于某种理由原谅他、同情他，甚至帮助他吗？

5. 有些活动，虽然没有报酬，但你觉得这些活动对社会有好处，就积极参加吗？

6. 你很注意你的仪态风度，这主要是为了让人产生良好的印象吗？

E

1. 你觉得通过买卖赚钱，或通过存银行生利息有意思吗？

2. 你常常能发现别人组织的活动有某些不足，并提出建议让他们改进吗？

3. 你相信如果自己创业，一定能成功吗？

4. 你有信心去说服别人接受你的观点吗？

5. 你的心算能力较强，对一大堆的数字不头疼吗？

6. 做一件事情时，你常常事先仔细考虑它的利弊得失吗？

C

1. 你能够用一两个小时坐下来抄写你不感兴趣的材料吗？

2. 你能按领导或老师的要求尽自己的能力做好每一件事吗？

3. 无论填报什么表格，你都非常认真吗？

4. 在讨论会上，如果不少人已经讲的观点与你的不同，你就不发表自己的观点了吗？

5. 你喜欢重复别人已经做过的事情而不喜欢做那些要自己动脑筋摸索着干的事情吗？

6. 你觉得将非常琐碎的事情整理好很有意思吗？

**以上全部测验完毕，请按 R、I、A、S、E、C 六项分别统计得分。每回答一个"是"，记 2 分；回答"不确定"，记 1 分；回答"否"的记 0 分。并依各项得分的高低将它们排列。**

现在，将你测验得分居第一位的职业兴趣类型找出来，对照下图，判断一下自己适合的职业类型。

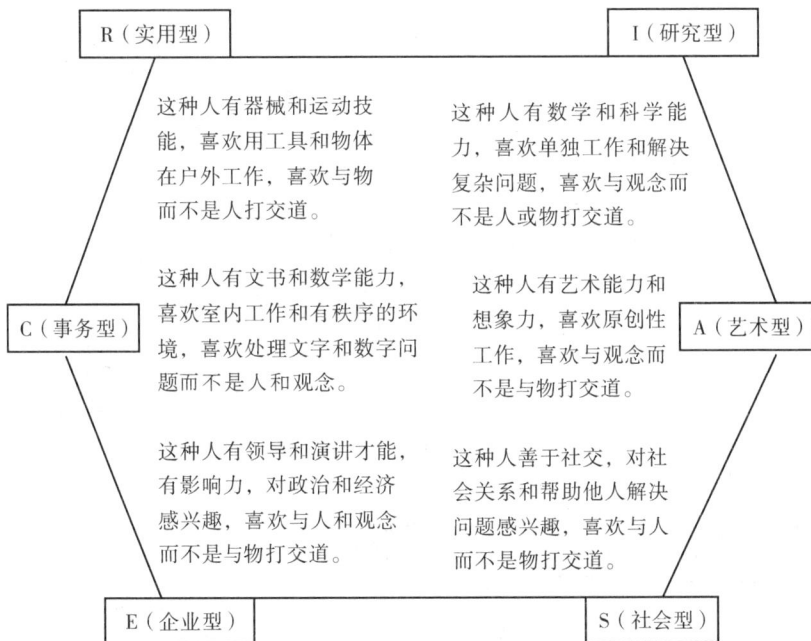

R（实用型）　　　　　　　　　I（研究型）

这种人有器械和运动技能，喜欢用工具和物体在户外工作，喜欢与物而不是人打交道。

这种人有数学和科学能力，喜欢单独工作和解决复杂问题，喜欢与观念而不是人或物打交道。

C（事务型）

这种人有文书和数学能力，喜欢室内工作和有秩序的环境，喜欢处理文字和数字问题而不是人和观念。

这种人有艺术能力和想象力，喜欢原创性工作，喜欢与观念而不是与物打交道。

A（艺术型）

这种人有领导和演讲才能，有影响力，对政治和经济感兴趣，喜欢与人和观念而不是与物打交道。

这种人善于社交，对社会关系和帮助他人解决问题感兴趣，喜欢与人而不是物打交道。

E（企业型）　　　　　　　　　S（社会型）

**职业兴趣代号与其相应的职业对照图**

R（实用型）：木匠、农民、操作 X 光的技师、工程师、飞机机械师、鱼类和野生动物专家、自动化技师、机械工（车工、钳工等）、电工、无线电报务员、火车司机、长途公共汽车司机、机械制图员、机器修理工、电器师。

I（研究型）：气象学者、生物学者、天文学家、药剂师、动物学者、化学家、科学报刊编辑、地质学者、植物学者、物理学者、数学家、实验员、科研人员、科技作者。

A（艺术型）：室内装饰专家、图书管理专家、摄影师、音乐教师、作家、演员、记者、诗人、作曲家、编剧、雕刻家、漫画家。

S（社会型）：社会学者、导游、福利机构工作者、咨询人员、社会工作者、社会科学教师、学校领导、精神病工作者、公共保健护士。

E（企业型）：推销员、进货员、商品批发员、旅馆经理、饭店经理、广告宣传员、调度员、律师、政治家、零售商。

C（事务型）：记账员、会计、银行出纳、法庭速记员、成本估算员、税务员、核算员、打字员、办公室职员、统计员、计算机操作员、秘书。

## 创业测验

**你是否在羡慕那些做老板的人？梦想做老板常常是成为老板的第一步。假如你已经考虑过自己经营企业，那么你需要知道自己是否适合干这一行，并有条件成功。下面的创业测验就可以帮助你知道这一点。（回答"是"或"否"）**

1. 你希望克服受雇于人的烦恼吗？

2. 你是否能够筹到足够资金来支付开业前 1～3 年的支出？

3. 在开业阶段，你非常需要一笔稳定的收入吗？

4. 假如没有一笔稳定的收入，你能生活吗？

5. 你现在能否利用业余时间开办一项事业，以便检验自己的兴趣与特长呢？

6. 在你的专业或业务领域里，你有专精吗？

7. 你能否做一份书面的营业计划，并对第一年的盈亏做预算呢？

8. 你能否延迟满足自己的需要，以至于推迟 3～5 年等待成功呢？

9. 在你所在的学校、村社或社区，你为大家所熟悉吗？

10. 在你烦恼时，你能够耐着性子听从同事或下属的批评与建议吗？

11. 你的计算机能力足以处理你的营业额、税务和工作记录吗？

12. 你有兴趣并有实力投资于技术革新与业务改进吗？

13. 生活上有会计、中介机构或个人等专业资源可用来经营你的事业吗？

14. 你有一个专业人才网络可用做你事业经营的参谋吗？

15. 你倾向于自我激励，并对自己有着极强的洞察力和自信心来追求成功吗？

16. 你喜欢变革并乐于作决策吗？

评分提示：

答"是"计 1 分，答"否"计 0 分，但第 3 题反向计分，然后加总分。

不同总分的结论如下。

9 分以下：可能不适合创业，最好干稳定的常规工作。即使你仍然想做老板，也最好干一些自由的、风险小的、没有太大经济压力甚至是业余的工作。

10～12分：很显然，你已经对创业作了比较多的考虑，但开业前仍需要作较多的准备，对于测验里那些答案为"否"的项目，更要作一些补救。

13分以上：恭喜你！你已经可以创业。在你的人生中，这可能是一个重大的挑战，但其中的回报也很可观。现在你可以做一份详细的调查表，对营业市场作一番调查，作一些业务联络，建立一个家庭营业办公室，从而开始你的事业。同时，还要考虑你将来的健康保险、财产保险、纳税策略等与创业有关的问题。

# 附录四 中职生创业实例

## 敢拼才会赢
### ——甘廷高创业纪实
广西机电工业学校 杨倩

如果不是亲眼所见，我简直不敢相信坐在我们面前这位憨厚老实、其貌不扬的男孩甘廷高，竟是我校原中专 947 班的毕业生，刚工作 8 年就已是南宁建信通信技术有限公司的总经理。8 年的创业生涯，给他带来了巨大的变化和影响，从一个基层最普通的员工，到现在拥有固定资产 200 多万元的公司老总，属下员工 30 多人。

### 一、学无止境

有这么一句话，一直陪伴着甘廷高走上成功的创业道路："如果没有明确的目标、顽强的毅力和诚信的理念，你就难以一步一个脚印走向成功；如果没有过硬的科学文化知识和技能，你就难以立足于当今社会。"

1998 年 7 月，他以优异的成绩从广西机电工业学校中专毕业后，由学校推荐到广西三联冷气公司工作。在广西三联冷气公司工作期间，他每天无论刮风下雨、风吹日晒，都会骑着自行车到各个故障地点认真做好维修工作。由于他的出色表现，工作不久后，就被破格提升为部门主管。而这次提升，对甘廷高来说，是机遇也是挑战。他深深地认识到，要出色完成公司的任务，仅靠在学校所学到的专业知识和技能是远远不够的。因此，他在业余时间不耻下问，虚心向师傅学习，不断从书本中汲取新的知识营养，更新自己的知识面。也正因为他的用功努力，很快就得到了上司、同事及客户的认可。

### 二、有志者，事竟成

2003 年，甘廷高从广西三联冷气公司辞职，经过一段时间的磨炼和运作，他终于与朋友合伙成立了现在的公司——南宁建信通信技术有限公司，开始走上自主创业之路。在他刚离开广西三联冷气公司之初，他曾找到了新的合作伙伴——广西联科通讯技术有限公司。在广西联科通讯技术有限公司工作的短短一年多时间里，他先后担任过该公司的地区副总经理和总经理，但是好景不长，由于市场行情不稳定，而该公司的实力有限，所以在竞争激烈的市场中被淘汰了，此刻的甘廷高从事业的巅峰一下子跌落到低谷——他下岗了。在这期间，甘廷高也曾失落迷茫过，他干过饮食行业，由于不了解市场也没有这方面的经验，没过多久就以失败告终。但这并没有使他放弃再创业的决心，他说一个人无论失败多少次，三百六十行，行行出状元，所以他坚信总有一天能闯出一片属于自己的天空。也正是凭着一股敢拼才会赢的信念，他和以前的同事一步一个脚印地艰难创业，终于拥有了属于自己的公司。他相信世上无难事，只怕有心人。

有人问他，以前的公司对他那么好，为什么还要选择辞职呢？他说："我选择离开公司是经过认真考虑的，在当今社会，人才流动是很正常的。离开公司时，虽然有许多的不舍，但我想拥有自己更宽广的发展空间和舞台，我就选择离开，自主创业了。"当问到他这几年的创业生涯感言时，他激动地告诉我们："首先，我要感谢母校对我的培养，没有在母校当班长和当母校治安队长的经历和锻炼，老实说，我很难走到今天；其次，目标、诚信、沟通、勇气是立业之本，办事要诚实守信，要有明确的人生目标和面对困难、挫折的勇气，要相信自己有能力去把每一件事情做好。同时，要学会与人沟通，与人和睦相处，虚心向别人学习，自己去努力寻找答案和进行角色转换，善于从各个方面去了解市场行情和市场信息。"

是森林之王，总有一天会登上宝座的，几年的创业积累，足够他在社会森林中自由自在地寻觅食物。如今，甘廷高正走在他事业的星光大道上。对他来说，有志者，事竟成。

### 三、坚持就是胜利

甘廷高在他的创业生涯中，虽没有遇到撑不过去的大风大浪，但也算坎坷，也许是老天对他的考验，也特别眷顾他，所以他在挫折中百折不挠。

或许有些人会说："既然他的创业道路是坎坷的，也曾失落过，为何还要继续坚持自主创业？以他的能力，去找一份安定的工作是不成问题的。"是的，在一些人眼里，拥有一份安定的工作很重要，而抱有这种想法的人一生将贫乏无味，几乎没有任何挑战可言。而甘廷高有着一股年轻人敢闯敢拼的干劲，也正是凭着这股干劲，才成就了今天我们面前这位成功的青年。在他的创业生涯中，历经了从顺利推荐就业到遇到挫折，再到创业成功，这是一个磨炼的历程。他曾为了一单业务东奔西跑，甚至埋头工作到深夜；常为一些不懂的业务问题，连续深究几天几夜，直到探出个究竟为止。可以说，他的每一步计划、每一次成功，都付出了比别人多好几倍的努力，也正因为这样，他脚踏实地一步一个脚印才有了今天的成绩。对他而言，这是人生的挑战和历练，更是一种财富。他认为，做人、做事都要诚实守信，善始善终。

甘廷高的公司工作量很大，只要哪里出了故障，无论白天黑夜，随叫随到。他从承接一些小的、别的公司不愿意接的订单开始，到现在承接一些中等的土建工程，凭着优秀的服务态度、质量和诚信，他的客户群在逐渐扩大。如今公司的业务蒸蒸日上，市场前景十分看好，最近打算在百色和河池分别创下500万元和150万元的年营业额。他说，公司打算在2005年把资产增加到700万元，力争让公司成为在广西企业界有实力的企业。

（此文荣获教育部全国第四届中等职业学校文明风采"创业之星"征文比赛一等奖。指导老师：陈志华）

## 中职生创办服装工厂　产品远销国内外

大学生创业步履维艰，中职生创业就更难了。"80后"的杜怀聪、陈迪韩却凭着不懈的努力，在服装设计行业闯出了自己的路子。而今他们设计的服装已经远销意大利、俄罗斯等国，开办的服装加工厂也陆续接下国外客户的订单，成为汕头中职生创业的佼佼者。

早在汕头纺织中专（现汕头纺织职业技术学校）读服装电脑设计的时候，杜怀聪、陈迪韩就是肯下工夫、悉心钻研的好学生。毕业后，两人怀揣着瑰丽的梦想进入了汕头市一家有名的童装企业工作，先从最基本的剪线头工做起，然后是车工、缝工……流水线上每道工序都做过。每当下班拖着疲惫的身躯回到家里，陈迪韩在妈妈面前不禁眼泪汪汪，妈妈疼在心里，但仍鼓励女儿："要想自己在服装行业独立创业，必须熟悉一切流程，心中才有底气。"不久，他们被提升到设计部门。由于他们肯学习，思维也活跃，设计的服装总能走俏，越来越受到企业的重用，月工资达到了5 000元。企业老板还许以年分红利的方式来留住他们。但是，杜怀聪、陈迪韩一直都没有放弃自我创业的梦想。2006年，他们从该企业辞职出来，成立服装设计室，把设计的作品寄放到了广州流花的服装档，希望借助展示来找到客户。但是时间过去了很久，100多件呕心沥血设计出来的服装犹如泥牛入海。他们以为是产品不对市场需求，后来询问才知道，别人盗窃了他们的作品直接找到了客户，却没有来找他们。创业迈出的第一步失败了。两位年轻人不甘心，在长辈的资助下，他们又开了"韩舍"服装店，一方面销售自己的设计作品，另一方面通过网上和亲戚朋友的介绍寻找客户。功夫不负有心人，终于有商家看中了他们的设计款式，一下子就下了几万件的订单。经过近3年的拼搏，他们开办了自己的服装生产工厂，实现了接单、设计、生产和销售一条龙。由于产品市场前景好，除了销往国内各大城市外，意大利、俄罗斯的客户也闻讯前来订货。

受到师兄师姐的感染，2008年刚从汕头纺织中专毕业的杜沛少和陈纯楠两位小师妹也加入了他们的队伍。纺织中专的老师告诉记者，中职生掌握了必备的技能，还要勇敢地走出去，学习纺织服装行业最新的流行时尚，开拓自己的视野，只有将知识和实践结合起来，才能很好地创业。

（来源：《特区晚报》2008.05.04）

## 中职生七年赚百万　踏实养虾致富路

从中职生成长为百万富翁需要多少时间呢？有人说几十年，有人说一辈子，更多的人是摇摇头不相信。而毕业于省农业学校的王小明，却用7年时间完成了这段路程，成就了一个"神话"。

王小明是屯昌人。1997年，在亲友们怀疑反对的声音中，初中毕业的他选择了去中专学校学水产养殖。亲友们都说读中专找工作一定很难，何况还是学农业的中专，一辈子跳不出农门没什么出息。

不过，王小明却在刻苦的学习中暗暗积累知识，等待时机证明自己。

三年级时，王小明在桂林洋一养殖公司顶岗实习。虽然每天要冒着烈日蹲在虾塘边看水质、观虾苗活动、撒药，非常辛苦，可他把这看做是难得的机会坚持了下来，虚心学习，掌握了养虾的整个技术流程。毕业后，他被聘请为该厂的养虾技术员。

虽然工作比较稳定，但他没忘记自己的梦想。看到海南水产养殖场越来越多，脑子灵活的他筹集资金开了家水产药品代销店，并开展技术咨询服务。为了进一步提高养殖技术，他不时向母校老师和养殖专家请教，还取得了农业部核发的水产养殖技术资格证。

毕业后第三个年头，随着技术越来越纯熟，王小明逐渐走出了创业的低谷，生意慢慢有了起色，水产药品代销店由1家发展为3家，同时还身兼多家养殖户顾问，每月收入不菲。

尽管如此，王小明仍不满足。

2003年，他又以自己的技术入股，与别人合作养虾。由于他技术好，养虾效益高，有很多人慕名而来，最多时有十几户与他合作，养殖面积300多亩，养一造虾他可以获得十几万元分成。后来，王小明又自己租塘养虾，年收入一下提高到几十万元。

如今，王小明有1个水产养殖服务中心、5家水产药品代销店，并经营着100亩虾塘，已有300

多万元资产。在他的公司里，有不少是大学水产专业的专科或本科毕业生。此外，他还帮助海口东营镇渔民和桂林洋一农场职工养虾，提供技术指导和药品。现在，东营镇 100 多户渔民成功转型，养了 1 000 多亩虾，收入成倍增加。

　　"想改变命运不一定要读高中，关键是自己要努力学到真技术，踏实肯干，敢于拼搏。读职业学校不仅能成才，而且前途无限美好。"王小明勉励学弟学妹们。

（来源：《海南日报》2007.09.24）

## 高起点的创业者

广西机电工业学校　　周银萍

　　曾勇，男，原广西机电技工学校 951 班学生，30 岁。现为南宁市王曾欧图文策划有限责任公司及一家印刷厂的负责人，总资产达 800 多万元，属下员工将近 80 人，任公司副总经理及技术负责人。

### 一、"学习永远不会错"

　　曾勇有一句话常挂在嘴边："再怎么错，学习永远不会错。"他对我们一行采访他的人说："要立足于 21 世纪的社会，没有过硬的科学文化知识只能是痴人说梦。"因此，他特别爱学习。

　　1998 年 7 月他以优异的成绩完成学业，进入广西金地彩色制版有限责任公司工作，这是一家广告设计公司。由于所面对的工作仅仅靠在学校里所学到的专业知识是远远不够的，他一直在刻苦地学习，不断地为自己补充新的知识养分。他在工作中，不懂的就问，或者自己查找资料。经过艰苦努力，他参加自学考试取得了大专毕业证，并且熟练掌握了广告艺术设计以及印前排版相关技术。在公司将近 7 年，他从一般技术员升为技术骨干乃至部门主管，曾被公司送到深圳学习 1 年。

### 二、天高任鸟飞

　　2004 年初，曾勇从金地公司辞职，与朋友合伙成立了现在的公司。

　　曾勇说："年轻人就应该从一线工作做起，无论有多苦、多累都要持之以恒，要微笑着去面对工作的每一天。一线工作给年轻人锻炼的机会多，你会在工作中获取许多有用的知识，为将来创业打下坚实的基础。你是金子就会发光，是千里马，定为伯乐发现！"他笑着接着说："我有今天的成就，非常庆幸当初我有在一线工作的经历。"

　　我忽然问他："原来的公司对你那么好，你干得也不错，为何要辞职呢？"

　　曾勇沉思良久，缓缓地说："其实我还真舍不得原来的公司，我离开公司是经过深思熟虑的。"

　　他喝了口茶："但是，在当今社会中，人才流动是很正常的，原来的公司已经不能给我提供更广阔的舞台。我走的时候与老板进行了深入的交谈，感谢他这些年对我的信任和培养，至今我们还保持着密切的联系呢！"

　　曾勇的侃侃而谈，让我思绪飞扬。是啊，是雄鹰，总有一天会离开它的母亲飞向蓝天的。况且，长达 7 年积累的一线工作经验，已经足够他在社会的天空中自由自在地寻觅食物了。如今，这只雄鹰正展翅翱翔在湛蓝的天空，对他来说，想飞多高，天就有多高！

### 三、顺利的创业者

　　曾勇说他在创业过程中没有遇到太大的阻碍，他是高起步，是幸运的。

　　"很多人创业一般都会经历过挫折的，怎么你就……"我不由脱口而出。

他似乎很得意地笑笑："因为我的运气好。"

也许，命运特别垂青于他吧。他离开公司时，一个非常要好的朋友找到他合伙开办现在的公司，结果双方一拍即合。公司开张后生意就一直红红火火。

成功的公式人们往往是这么理解的：努力＋机会。我想，机会对成功者来说，并不是必要的条件，它可有可无。但成功的必要条件是努力，是必不可少的。如果没有7年的刻苦学习和艰苦磨炼，他有资本开创今天的事业吗？

或许有些人会说，曾勇创业之路毫无挫折，太过顺利，不值一提。

其实，这是一种误解。我们来看看他的奋斗历程：刚工作时，因为知识水平有限，他常为一个问题连续工作十几个小时，直到弄懂为止；为了早日独立创业，他省吃俭用，积攒创业的资本；2002年，他的父亲病逝，让他悲痛不已……可以说，他取得的每一步成功，要付出比别人多一倍的努力。工作的压力以及人生的磨难，使他成熟了许多。这种经历对曾勇来说，是修炼，是财富，没有这种经历，就没有今天创业的顺利。

他说，公司目前的业务很繁忙，他们专门干"冷门"方面的业务，即其他公司不愿干的业务或者没有能力做的业务他们就拿来做。在大宗订单前，与那些大企业比他们没有成本优势，他们只能扬长避短，发挥自己灵活快速的服务特点，主要承接那些小公司没有能力接、大公司又不愿接的业务，从市场的大蛋糕中分到一杯羹。

目前，凭着良好的服务质量和信誉，他们的客户群逐渐扩大，比如南宁市政府、广西电视台、广西国土资源厅、广西铁通公司、广西电信公司、广西医科大学等。如今公司业务红红火火，前景十分看好。公司最近还打算在柳州设立一个印刷点。他说，公司打算用3～5年的时间，进一步做大做强，把资产增加到5 000万元，在未来的10～15年，让公司成为广西印刷企业界有影响力的企业。

### 四、采访后记

采访曾勇，真有"听君一席话，胜读十年书"的感觉。以前，我总觉得职业学校的学生低人一等，将来只能做流水线上的工人，一度灰心丧气、消极颓废。如今，从曾勇身上我看到了一个职业学校学生的明天。在采访回来的路上，我一路哼着歌儿，沐浴着明媚的阳光，像小鸟一样快乐地飞向辽阔的天空。

（此文荣获教育部全国第四届中等职业学校文明风采"创业之星"征文比赛一等奖。指导老师：陆生富）

# 附录五　职业学校专业与职业技能鉴定职业（项目）对应目录（试行）

一、本目录根据 2000 年 9 月教育部颁布的《中等职业学校专业目录》，按照各专业培养目标、业务范围及专业教学的主要内容，对照《中华人民共和国职业分类大典》编制。由中等职业学校专业目录编码、专业名称和推荐鉴定职业（工种）及代码组成。包括农林、资源与环境、能源、水土水利工程、加工制造、交通运输、信息技术、医药卫生、商贸旅游、财经、文化艺术与体育、社会公共事务和其他等 13 大类 270 个专业，以及对应的 497 个职业（工种）、3 个模块化职业能力认证项目。

二、OSTA 是各级劳动保障部门职业技能鉴定中心的英文缩写，OSTA 职业能力认证是劳动保障部职业技能鉴定中心推出的模块化考试项目，以比较通用、具体的职业能力单元为评价目标，不受职业（工种）限制，是国家职业资格认证体系的组成部分，目前有 OSTA 计算机信息高新技术考试、OSTA＼MICROSOFT（微软中国有限公司）计算机应用能力双认证、OSTA＼ETS（美国教育考试服务中心）国际交流英语水平双认证（托福考试）等项目。具体情况可向省、市职业技能鉴定中心咨询。

三、技工学校毕业生参加职业技能鉴定，按照原劳动部颁布的《技工学校专业（工种）目录》执行。高级技工学校毕业生参加职业技能鉴定，按照 2002 年劳动保障部颁布的《高级技工学校专业目录教学计划》执行。

| 专业编码 | 现有职业学校专业名称 | | 对应：1. 职业技能鉴定职业（工种）及代号<br>2. OSTA 模块化职业能力认证项目 |
|---|---|---|---|
| 01 | 农林类 | | |
| 0101 | 种植 | 1. 农作物<br>2. 果蔬<br>3. 观赏植物<br>4. 植物保护<br>5. 种子<br>6. 烟草<br>7. 茶叶<br>8. 草原及饲料作物<br>9. 草坪生产与养护 | 农艺工 5－01－01－01<br>啤酒花生产工 5－01－01－02<br>作物种子繁育工 5－01－01－03<br>农作物植保工 5－01－01－04<br>蔬菜园艺工 5－01－03－01<br>花卉园艺工 5－01－03－02<br>果、茶、桑园艺工 5－01－03－03<br>菌类园艺工 5－01－03－04<br>草地监护员 5－03－06－01<br>牧草工 5－03－06－02<br>草坪建植工 5－03－06－03 |

续表

| 专业编码 | 现有职业学校专业名称 | | 对应：1. 职业技能鉴定职业（工种）及代号<br>2. OSTA模块化职业能力认证项目 |
|---|---|---|---|
| 0102 | 农艺 | 1. 经济作物<br>2. 热带作物<br>3. 药用植物<br>4. 农产品质量监督与检验 | 蔬菜园艺工 5－01－03－01<br>花卉园艺工 5－01－03－02<br>果、茶、桑园艺工 5－01－03－03<br>菌类园艺工 5－01－03－04<br>天然橡胶生产工 5－01－04－01<br>剑麻生产工 5－01－04－02<br>中药材种植员 5－01－05－01 |
| 0103 | 园艺 | 1. 果树<br>2. 蔬菜<br>3. 观赏植物<br>4. 生物技术应用<br>5. 草坪生产与养护<br>6. 食用菌 | 蔬菜园艺工 5－01－03－01<br>花卉园艺工 5－01－03－02<br>果、茶、桑园艺工 5－01－03－03<br>菌类园艺工 5－01－03－04<br>草坪建植工 5－03－06－03 |
| 0104 | 蚕桑 | | 果、茶、桑园艺工 5－01－03－03 |
| 0105 | 养殖 | 1. 畜禽养殖<br>2. 养禽<br>3. 养牛<br>4. 经济动物养殖<br>5. 动物营养与饲料 | 家畜饲养工 5－03－01－01<br>家畜繁殖工 5－03－01－02<br>家禽饲养工 5－03－02－01<br>家禽繁殖工 5－03－02－02<br>蜜蜂饲养工 5－03－03－01 |
| 0106 | 畜牧兽医 | 1. 畜禽养殖<br>2. 兽医<br>3. 动物防疫检疫<br>4. 兽医卫生检验 | 家畜饲养工 5－03－01－01<br>家畜繁殖工 5－03－01－02<br>家禽饲养工 5－03－02－01<br>家禽繁殖工 5－03－02－02<br>蜜蜂饲养工 5－03－03－01<br>动物疫病防治员 5－03－05－01<br>兽医化验员 5－03－05－02<br>动物检疫检验员 5－03－05－03<br>中兽医员 5－03－05－04 |
| 0107 | 水产养殖 | 1. 淡水养殖<br>2. 海水养殖 | 水生动物苗种繁育工 5－04－01－01<br>水生植物苗种培育工 5－04－01－02<br>水生动物饲养工 5－04－01－03<br>水生植物栽培工 5－04－01－04<br>珍珠养殖工 5－04－01－05<br>生物饵料培养工 5－04－01－06 |

**附录五** 职业学校专业与职业技能鉴定职业（项目）对应目录（试行）

续表

| 专业编码 | 现有职业学校专业名称 | | 对应：1. 职业技能鉴定职业（工种）及代号 2. OSTA 模块化职业能力认证项目 |
|---|---|---|---|
| 0108 | 野生动植物保护 | 1. 自然保护区管理 2. 野生动植物养殖 3. 野生动植物产品开发与利用 | 森林病虫害防治员 5—02—02—02 野生动物保护员 5—02—03—01 野生植物保护员 5—02—03—02 |
| 0109 | 农副产品加工 | | 棉花加工工 5—01—06—01 果类产品加工工 5—01—06—02 茶叶加工工 5—01—06—03 蔬菜加工工 5—01—06—04 竹藤麻棕草制品加工工 5—01—06—05 |
| 0110 | 棉花检验加工与经营 | 1. 棉花检验 2. 棉花加工 3. 棉花经营 | 棉花加工工 5—01—06—01 |
| 0111 | 林业 | 1. 森林保护 2. 经济林 3. 社会林业 | 林木种苗工 5—02—01—01 造林更新工 5—02—01—02 抚育采伐工 5—02—01—03 护林员 5—02—02—01 森林病虫害防治员 5—02—02—02 |
| 0112 | 园林 | 1. 园林 2. 园林花卉 3. 植物选景设计与盆景制作 4. 草坪生产与经营 | 花卉园艺工 5—01—03—02 插花员 4—04—02—04 盆景工 4—04—02—05 假山工 4—04—02—05 园林植物保护工 4—04—02—07 草坪建植工 5—03—06—03 |
| 0113 | 木材加工 | 家具设计与制造 | 手工木工 6—15—03—01 |
| 0114 | 林特产品加工 | 1. 药用植物 2. 食用菌 3. 绿色食品开发 | 菌类园艺工 5—01—03—04 中药材种植员 5—01—05—01 |
| 0115 | 森林资源与林政管理 | 1. 森林调查 2. 林政管理 3. 森林防火 | 火灾瞭望观察员 3—02—03—05 护林员 5—02—02—01 |
| 0116 | 森林采运工程 | | 木材采伐工 5—02—04—01 集材作业工 5—02—04—02 |

**续表**

| 专业编码 | 现有职业学校专业名称 | | 对应：1. 职业技能鉴定职业（工种）及代号<br>2. OSTA 模块化职业能力认证项目 |
| --- | --- | --- | --- |
| 0117 | 农村经济管理 | | |
| 0118 | 农业机械化 | 1. 农机技术推广<br>2. 牧业机械化<br>3. 渔业机械化<br>4. 农业现代化设施 | 机修钳工 6—06—01—01 |
| 0119 | 航海捕捞 | | 水产捕捞工 5—04—02—01<br>渔业生产船员 5—04—02—02 |
| 02 | 资源与环境类 | | |
| 0201 | 国土资源调查 | 1. 土地规划<br>2. 矿产资源调查 | 地籍测绘工 6—01—02—05 |
| 0202 | 地质调查与找矿 | 1. 地质调查<br>2. 矿山地质勘探<br>3. 石油地质勘探<br>4. 煤田地质勘探<br>5. 非金属地质勘探 | 钻探工 6—01—01—01<br>坑探工 6—01—01—02<br>物探工 6—01—01—03<br>采样工 6—01—01—04<br>水文地质工 6—01—01—05 |
| 0203 | 放射性矿产普查与勘探 | | 物探工 6—01—01—03 |
| 0204 | 水文地质与工程地质勘探 | 1. 水文地质调查<br>2. 工程地质调查 | 水文地质工 6—01—01—05<br>工程测量工 6—01—02—04 |
| 0205 | 地球物理与地球化学探矿 | 1. 地球物理探矿<br>2. 地球化学探矿 | 物探工 6—01—01—03<br>采样工 6—01—01—04 |
| 0206 | 地震监测技术 | | 物探工 6—01—01—03 |
| 0207 | 宝玉石鉴定与加工 | 1. 宝玉石鉴定<br>2. 宝玉石加工制作 | 宝石琢磨工 6—21—01—01<br>贵金属首饰、钻石、宝玉石检验员 6—26—01—35 |
| 0208 | 岩土工程技术 | 1. 岩土工程施工<br>2. 岩土工程勘测 | 凿岩工 6—23—01—01<br>爆破工 6—23—01—02<br>土石方机械操作工 6—23—02—03 |
| 0209 | 勘探与掘进 | 1. 钻探工程技术<br>2. 掘进工程技术<br>3. 爆破工程技术 | 钻探工 6—01—01—01<br>矿井开掘工 6—01—03—04<br>爆破工 6—23—01—02 |

**附录五** 职业学校专业与职业技能鉴定职业（项目）对应目录（试行）

续表

| 专业编码 | 现有职业学校专业名称 | | 对应：1. 职业技能鉴定职业（工种）及代号 2. OSTA 模块化职业能力认证项目 |
|---|---|---|---|
| 0210 | 采矿技术 | 1. 金属矿开采 2. 非金属矿开采 3. 综合机械化采煤 4. 露天采煤 | 矿井开掘工 6－01－03－04 井下采矿工 6－01－03－05 支护工 6－01－03－06 矿井通风工 6－01－03－09 矿山安全监测工 6－01－03－10 |
| 0211 | 矿山机械运行与维修 | | 矿井机车运输工 6－01－03－08 机修钳工 6－06－01－01 维修电工 6－07－06－05 |
| 0212 | 矿井通风与安全 | | 矿井通风工 6－01－03－09 矿山安全监测工 6－01－03－10 火工品管理工 6－01－03－13 矿山救护工 6－01－03－14 |
| 0213 | 测量工程技术 | 1. 工程测量 2. 控制测量 3. 地籍测量 4. 海洋测量 5. 矿山测量 | 大地测量工 6－01－02－01 摄影测量工 6－01－02－02 工程测量工 6－01－02－04 地籍测绘工 6－01－02－05 |
| 0214 | 地图制图与地理信息 | 测绘信息数字化 | 地图制图工 6－01－02－03 |
| 0215 | 航空摄影测量 | | 摄影测量工 6－01－02－02 |
| 0216 | 环境保护与监测 | 环境管理 | 大气环境监测工 6－25－01－01 水环境监测工 6－25－01－02 土壤环境监测工 6－25－01－03 环境生物监测工 6－25－01－04 环境噪声及震动监测工 6－25－01－05 固体废物监测工 6－25－01－06 环境辐射监测工 6－25－01－07 |
| 0217 | 环境监理 | | |
| 0218 | 生态环境保护 | | 自然保护区巡护监测员 5－02－03－03 |
| 0219 | 环境治理技术 | 1. 城市废弃物处理 2. 环境治理设施运行与管理 | 固体废物处理工 6－25－03－01 废水处理工 6－25－03－02 废气处理工 6－25－03－03 除尘设备运行工 6－25－03－04 |

续表

| 专业编码 | 现有职业学校专业名称 | | 对应：1. 职业技能鉴定职业（工种）及代号<br>2. OSTA 模块化职业能力认证项目 |
|---|---|---|---|
| 0220 | 辐射测量与防护 | | 环境辐射监测工 6—25—01—07 |
| 0221 | 水文与水资源 | 1. 地下水开发 | 水文勘测工 5—05—04—01 |
| | | 2. 水政管理 | 水环境监测工 6—25—01—02 |
| 0222 | 水土保持<br>生态环境 | 荒漠化防治 | 水土保持防治工 5—05—03—01 |
| | | | 水土保持测试工 5—05—03—02 |
| | | | 水土保持勘测工 5—05—03—03 |
| 0223 | 气象 | 1. 水文气象<br>2. 农牧业气象<br>3. 海洋气象观测 | 海洋水文气象观测员 6—25—02—03 |
| 0224 | 高空气象探测 | | |
| 0225 | 海洋观测 | 1. 海洋观测<br>2. 海洋管理 | 海洋调查与监测工 6—25—02—01 |
| 03 | 能源类 | | |
| 0301 | 选煤 | | 重力选矿工 6—01—04—02 |
| | | | 浮选工 6—01—04—03 |
| | | | 选矿脱水工 6—01—04—05 |
| | | | 水煤浆制备工 6—01—04—08 |
| 0302 | 石油开采 | 1. 石油钻井<br>2. 采油<br>3. 石油井下作业技术 | 钻井工 6—01—05—02 |
| | | | 固井工 6—01—05—03 |
| | | | 油、气井测试工 6—01—06—01 |
| | | | 采油工 6—01—06—02 |
| | | | 采气工 6—01—06—03 |
| | | | 井下作业工 6—01—06—04 |
| 0303 | 铀矿开采 | | |
| 0304 | 电厂热力<br>设备运行 | | 燃料值班员 6—07—02—02 |
| | | | 锅炉运行值班员 6—07—02—03 |
| | | | 锅炉辅机值班员 6—07—02—04 |
| | | | 汽轮机运行值班员 6—07—02—05 |
| | | | 热力网值班员 6—07—02—06 |
| | | | 电气值班员 6—07—02—07 |
| | | | 集控值班员 6—07—02—08 |
| 0305 | 反应堆及核<br>电厂运行 | | |

**附录五** 职业学校专业与职业技能鉴定职业（项目）对应目录（试行）

续表

| 专业编码 | 现有职业学校专业名称 | | 对应：1. 职业技能鉴定职业（工种）及代号<br>2. OSTA 模块化职业能力认证项目 |
|---|---|---|---|
| 0306 | 水电厂机电设备运行 | | 水轮发电机值班员 6－07－02－01<br>电气值班员 6－07－02－07<br>集控值班员 6－07－02－08 |
| 0307 | 电厂热工仪表及自动装置维护与调试 | | 热工仪表及控制装置安装试验工 6－07－01－05 |
| 0308 | 电厂水处理及化学监督 | | 发电机氢冷值班员 6－07－02－09<br>电厂水处理值班员 6－07－02－10 |
| 0309 | 电厂热力设备安装与检修 | 1. 电厂汽轮机发电机设备安装与检修<br>2. 电厂锅炉设备安装与检修<br>3. 燃料储运设备安装与检修 | 锅炉设备安装工 6－07－01－02<br>汽轮机设备安装工 6－07－01－03<br>发电机设备安装工 6－07－01－04<br>热工仪表及控制装置安装试验工 6－07－01－05<br>汽轮机本体设备检修工 6－07－04－03<br>发电机设备检修工 6－07－04－05<br>锅炉本体设备检修工 6－07－04－01<br>锅炉附属设备检修工 6－07－04－02<br>发电厂电动机检修工 6－07－04－05 |
| 0310 | 水电厂动力设备安装与检修 | | 水轮机设备安装工 6－07－01－01<br>发电机设备安装工 6－07－01－04<br>发电厂电气设备安装工 6－07－01－06<br>发电厂电动机检修工 6－07－04－05<br>水轮机检修工 6－07－04－06<br>水电站水力机械试验工 6－07－04－07<br>水电自动装置检修工 6－07－04－08 |
| 0311 | 电厂及变电站电气运行 | | 水轮发电机值班员 6－07－02－01<br>燃料值班员 6－07－02－02<br>锅炉运行值班员 6－07－02－03<br>锅炉辅机值班员 6－07－02－04<br>汽轮机运行值班员 6－07－02－05 |

续表

| 专业编码 | 现有职业学校专业名称 | | 对应：1. 职业技能鉴定职业（工种）及代号 2. OSTA 模块化职业能力认证项目 |
|---|---|---|---|
| | | | 热力网值班员 6—07—02—06 |
| | | | 电气值班员 6—07—02—07 |
| | | | 集控值班员 6—07—02—08 |
| | | | 发电机氢冷值班员 6—07—02—09 |
| | | | 变电站值班员 6—07—03—02 |
| | | | 调相机值班员 6—07—03—03 |
| | | | 换流站值班员 6—07—03—04 |
| 0312 | 继电保护及自动装置维护与调试 | | 继电器保护员 6—07—04—13 |
| 0313 | 电厂及变电站电气设备安装与检修 | | 锅炉设备安装工 6—07—01—02 |
| | | | 汽轮机设备安装工 6—07—01—03 |
| | | | 发电机设备安装工 6—07—01—04 |
| | | | 热工仪表及控制装置安装试验工 6—07—01—05 |
| | | | 锅炉本体设备检修工 6—07—04—01 |
| | | | 锅炉附属设备检修工 6—07—04—02 |
| | | | 汽轮机本体设备检修工 6—07—04—03 |
| | | | 发电厂电动机检修工 6—07—04—05 |
| 0314 | 水电站与水泵站电力设备 | 1. 水泵站电力设备 2. 水电站电力设备 | 水轮机安装工 6—07—01—01 |
| | | | 水轮机发电值班员 6—07—02—01 |
| | | | 水轮机检修工 6—07—04—06 |
| | | | 水电自动装置检修工 6—07—04—08 |
| 0315 | 输配电线路施工、检修与运行 | | 送电、配电线路工 6—07—03—01 |
| | | | 变电站值班员 6—07—03—02 |
| | | | 高压线路带电检修工 6—07—04—09 |
| | | | 变配电室值班电工 6—07—06—02 |
| 0316 | 电力电缆运行与施工 | | 电力电缆安装工 6—07—01—07 |
| | | | 高压线路安装工 6—07—01—08 |
| | | | 电力工程内线安装工 6—07—01—09 |
| | | | 送电、配电线路工 6—07—03—01 |
| | | | 牵引电力线路安装维护工 6—07—06—04 |

**附录五** 职业学校专业与职业技能鉴定职业（项目）对应目录（试行）

续表

| 专业编码 | 现有职业学校专业名称 | | 对应：1. 职业技能鉴定职业（工种）及代号 2. OSTA模块化职业能力认证项目 |
|---|---|---|---|
| 0317 | 供用电技术 | 1. 工矿企业供用电 2. 城镇供用电 3. 农村供用电 | 电力负荷控制员 6—07—05—01 抄表核算收费员 6—07—05—02 装表接电工 6—07—05—04 电能计量装置检修工 6—07—05—05 |
| 0318 | 电气化铁道供电 | | 铁路电源工 6—24—02—14 |
| 0319 | 农村能源开发与利用 | | 沼气生产工 5—99—02—01 农村节能员 5—99—02—02 农用太阳能设施工 5—99—02—03 生物质能设备工 5—99—02—04 |
| 0320 | 电力营销 | | 抄表核算收费员 6—07—05—02 |
| 04 | 土木水利工程类 | | |
| 0401 | 工业与民用建筑 | 1. 建筑施工技术 2. 建筑工程估价 3. 建筑施工操作 | 混凝土搅拌机操作工 3—01—03—03 筑路机械操作工 6—23—09—01 筑路、养护工 6—23—09—02 |
| 0402 | 建筑装饰 | 1. 建筑装饰设计技术 2. 家庭居室装修 | 装饰装修工 6—23—07—01 室内成套设施装饰工 6—23—07—02 |
| 0403 | 城镇建设 | | |
| 0404 | 建筑经济管理 | | |
| 0405 | 古建筑营造与修缮 | 1. 古建筑修缮设计技术 2. 古建筑保护与维修 3. 古建筑木制作工艺技术 4. 古建筑油漆彩画工艺技术 | 古建筑结构施工工 6—23—08—01 古建筑装饰工 6—23—08—02 |
| 0406 | 土建筑工程与材料质量检测 | 1. 建筑工程质量控制 2. 建筑工程材料检测 | 化学检验工 6—26—01—01 材料成分检验工 6—26—01—02 材料物理性能检验工 6—26—01—03 |
| 0407 | 建筑设备安装 | 1. 建筑水电安装 2. 安装工程估价 | 机械设备安装工 6—23—10—01 电气设备安装工 6—23—10—02 |
| 0408 | 电气设备安装 | 1. 电梯安装与维修 2. 电气设备运行与管理 3. 楼宇智能化技术 4. 水厂机电设备运行与管理 | 常用电机检修工 6—07—06—02 维修电工 6—07—06—05 机械设备安装工 6—23—10—01 电气设备安装工 6—23—10—02 |

续表

| 专业编码 | 现有职业学校专业名称 | 对应：1. 职业技能鉴定职业（工种）及代号<br>2. OSTA 模块化职业能力认证项目 |
|---|---|---|
| 0409 | 供热通风与空调 | 1. 通风与空调设备运行与维护<br>2. 制冷与空调安装技术<br>3. 城市燃气输配与设备检修 | 生活燃料供应工 4－07－03－03<br>机械设备安装工 6－23－10－01 |
| 0410 | 给水排水 | 1. 给水排水工程施工<br>2. 城市供水<br>3. 水处理技术<br>4. 水处理厂机电设备安装与维修 | 供水生产工 4－07－03－01<br>供水供应工 4－07－03－02<br>废水处理工 6－25－03－02 |
| 0411 | 市政工程施工 | 1. 桥涵施工与养护<br>2. 市政管沟施工与维护<br>3. 市政工程估价<br>4. 市政工程质量控制 | 土石方机械操作工 6－23－01－03<br>混凝土搅拌机操作工 3－01－03－03<br>筑路机械操作工 6－23－09－01<br>筑路、养护工 6－23－09－02 |
| 0412 | 公路与桥梁 | 1. 公路养护<br>2. 公路路政管理 | 筑路、养护工 6－23－09－02 |
| 0413 | 铁道施工与养护 | 1. 铁道桥梁<br>2. 铁道隧道<br>3. 铁道线路 | 铁道线路工 6－23－09－04<br>桥梁工 6－23－09－05<br>隧道工 6－23－09－06<br>铁路舟桥工 6－23－09－07 |
| 0414 | 水利水电工程技术 | 1. 水利水电工程施工<br>2. 水利工程管理与经济管理<br>3. 治河与防洪 | 河道防修工 5－05－01－01<br>混凝土维修工 5－05－01－02<br>土石维修工 5－05－01－03<br>水工检测工 5－05－01－04 |
| 0415 | 农业水利技术 | 1. 农田灌排工程<br>2. 节水灌溉技术<br>3. 乡镇供水工程 | 灌排工程工 5－05－02－01<br>渠道维护工 5－05－02－02<br>灌区供水工 5－05－02－03<br>灌溉试验工 5－05－02－04<br>水土保持防治工 5－05－03－01 |
| 0416 | 水电工程建筑施工 | 1. 工程基础处理工艺<br>2. 工程爆破工艺 | 爆破工 6－23－01－02<br>混凝土工 6－23－03－01<br>钢筋工 6－23－04－01 |
| 0417 | 港口与航道工程技术 | | 航道航务施工工 6－24－04－07 |

附录五 **职业学校专业与职业技能鉴定职业（项目）对应目录（试行）**

续表

| 专业编码 | 现有职业学校专业名称 | | 对应：1. 职业技能鉴定职业（工种）及代号<br>2. OSTA 模块化职业能力认证项目 |
|---|---|---|---|
| 0418 | 矿井建设 | | 矿井开掘工 6—01—03—04<br>支护工 6—01—03—06<br>矿井通风工 6—01—03—09<br>井架安装工 6—01—05—01 |
| 0419 | 工程施工机械运用与维修 | 1. 施工机械管理与维修<br>2. 水电工程施工机械运行与维修<br>3. 机械化施工 | 机修钳工 6—01—01—01 |
| 05 | 加工制造类 | | |
| 0501 | 钢铁冶炼 | 1. 烧结与球团<br>2. 炼铁<br>3. 炼钢<br>4. 铁合金 | 烧结工 6—02—01—02<br>球团焙烧工 6—02—01—03<br>烧结成品工 6—02—01—04<br>高炉炉前工 6—02—01—06<br>高炉运转工 6—02—01—07<br>平炉炼钢工 6—02—02—02<br>转炉炼钢工 6—02—02—03<br>电炉炼钢工 6—02—02—04<br>炼钢浇铸工 6—02—02—05<br>铁合金电炉冶炼工 6—02—03—02<br>铁合金焙烧工 6—02—03—03<br>铁合金湿法冶炼工 6—02—03—04<br>铁合金炉外法冶炼工 6—02—03—05 |
| 0502 | 金属压力加工技术 | 1. 黑色金属压力加工<br>2. 有色金属压力加工<br>3. 金属制品生产 | 金属轧制工 6—02—08—02<br>金属挤压工 6—02—08—09<br>铸轧工 6—02—08—10<br>锻造工 6—04—02—02<br>冲压工 6—04—02—03 |
| 0503 | 冶金热能技术 | 1. 冶金炉<br>2. 锅炉<br>3. 能源管理或热能综合利用及节能技术 | 锅炉操作工 4—07—03—04 |

续表

| 专业编码 | 现有职业学校专业名称 | | 对应：1. 职业技能鉴定职业（工种）及代号 2. OSTA 模块化职业能力认证项目 |
|---|---|---|---|
| 0504 | 碳素材料技术 | | 碳素煅烧工 6—02—10—01<br>碳素成型工 6—02—10—02<br>碳素焙烧工 6—02—10—03<br>碳素石墨化工 6—02—10—05<br>碳素石墨加工工 6—02—10—06<br>碳素纤维工 6—02—10—07 |
| 0505 | 粉末冶金 | | 粉末冶金制造工 6—04—02—07 |
| 0506 | 有色金属冶炼 | 1. 有色重金属<br>2. 有色轻金属<br>3. 稀有金属 | 火法冶炼工 6—02—04—03<br>湿法冶炼工 6—02—04—04<br>电解精炼工 6—02—04—05<br>铝电解工 6—02—05—02<br>镁冶炼工 6—02—05—03<br>硅冶炼工 6—02—05—04<br>钨钼冶炼工 6—02—06—01<br>钽铌冶炼工 6—02—06—02<br>钛冶炼工 6—02—06—03<br>稀土冶炼工 6—02—06—04<br>贵金属冶炼工 6—02—06—05<br>锂冶炼工 6—02—06—06 |
| 0507 | 机械制造与控制 | 1. 医疗机械<br>2. 制药机械<br>3. 矿山机械<br>4. 起重运输与工程机械 | 车工 6—04—01—01<br>铣工 6—04—01—02<br>医疗器械装配工 6—05—09—01<br>装配钳工 6—05—02—01 |
| 0508 | 汽车制造与维修 | 1. 内燃机制造与维修<br>2. 拖拉机制造与维修 | 内燃机装配工 6—05—03—02<br>汽车（拖拉机）装配工 6—05—07—01<br>汽车修理工 6—06—01—02 |
| 0509 | 机械加工技术 | 1. 金属冷加工<br>2. 钳工 | 车工 6—04—01—01<br>铣工 6—04—01—02<br>刨插工 6—04—01—03<br>磨工 6—04—01—04<br>镗工 6—04—01—05<br>钻床工 6—04—01—06<br>组合机床操作工 6—04—01—07<br>加工中心操作工 6—04—01—08<br>装配钳工 6—05—02—01 |

续表

| 专业编码 | 现有职业学校专业名称 | | 对应：1. 职业技能鉴定职业（工种）及代号<br>2. OSTA 模块化职业能力认证项目 |
|---|---|---|---|
| 0510 | 机电设备安装与维修 | 1. 机电设备维修与管理<br>2. 工业设备安装 | 机械设备安装工 6—23—10—01<br>电气设备安装工 6—23—10—02 |
| 0511 | 数控技术应用 | 1. 数控加工与 CAD/CAM<br>2. 数控设备使用与管理 | 车工 6—04—01—01<br>铣工 6—04—01—02<br>加工中心操作工 6—04—01—08 |
| 0512 | 模具设计与制造 | | 工具钳工 6—05—02—02 |
| 0513 | 机电技术应用 | | 机械设备安装工 6—23—10—01<br>电气设备安装工 6—23—10—02 |
| 0514 | 制冷和空调设备运用与维修 | | 冷藏工 4—02—01—05<br>家用电器产品维修工 4—07—10—02 |
| 0515 | 电气运行与控制 | 1. 工业电气技术<br>2. 建筑电气技术<br>3. 设施农业电气技术 | 变电设备安装工 6—07—06—01<br>变配电室值班电工 6—07—06—02<br>维修电工 6—07—06—05<br>电气设备安装工 6—23—10—02 |
| 0516 | 电气技术应用 | | 变电设备安装工 6—07—06—01<br>变配电室值班电工 6—07—06—02<br>维修电工 6—07—06—05<br>电气设备安装工 6—23—10—02 |
| 0517 | 电机与电器 | 1. 电机制造<br>2. 电器制造<br>3. 电线电缆 | 电机装配工 6—05—03—04<br>电线电缆制造工 6—05—04—09<br>高低压电器装配工 6—05—04—06 |
| 0518 | 船体建造与修理 | | 船体制造工 6—05—18—01<br>船舶修理工 6—06—01—03 |
| 0519 | 船舶机械装置 | | 船舶轮机装配工 6—05—18—02 |
| 0520 | 船舶电气技术 | | 船舶电气装配工 6—05—18—03 |
| 0521 | 金属热加工 | 1. 铸造<br>2. 锻压<br>3. 热处理 | 铸造工 6—04—02—01<br>锻造工 6—04—02—02<br>金属热处理工 6—04—02—06 |
| 0522 | 焊接 | | 焊工 6—04—02—05 |
| 0523 | 金属表面处理 | | 镀层工 6—04—05—01<br>涂装工 6—04—05—02 |

续表

| 专业编码 | 现有职业学校专业名称 | | 对应：1. 职业技能鉴定职业（工种）及代号<br>2. OSTA 模块化职业能力认证项目 |
|---|---|---|---|
| 0524 | 水工金属结构制作与安装 | 1. 水工金属结构制作<br>2. 水工金属结构安装与调试<br>3. 建筑金属结构制作与安装 | 冷作钣金工 6－04－04－01<br>焊工 6－04－02－05 |
| 0525 | 仪器仪表 | 1. 仪器仪表制造<br>2. 仪器仪表使用与维修<br>3. 医用电子仪器 | 电子仪器仪表装配工 6－05－06－03<br>电工仪器仪表装配工 6－05－06－08<br>精密仪器仪表修理工 6－06－02－03 |
| 0526 | 光电仪器制造与维修 | | 光电仪器仪表装调工 6－05－06－04<br>仪器仪表检验工 6－26－01－34 |
| 0527 | 飞行器制造工艺 | | 飞机螺旋桨装配工 6－05－19－05<br>飞机发动机附件装配工 6－05－19－08<br>航空装配平衡工 6－05－19－11<br>飞机螺旋桨试验工 6－05－20－04<br>飞机、发动机附件试验工 6－05－20－05 |
| 0528 | 飞行器控制设备与仪表 | | 航空仪表装配工 6－05－19－09<br>飞机仪表安装试验工 6－05－19－10<br>航空仪表检验工 6－26－02－07 |
| 0529 | 飞行器非金属材料成型工艺 | | |
| 0530 | 电子电器应用与维修 | 1. 日用电器设备应用与维修<br>2. 音频视频设备应用与维修<br>3. 办公自动化设备应用与维修 | 电子计算机（微机）维修工 6－08－05－01<br>家用电器产品维修工 4－07－10－02<br>家用电子产品维修工 4－07－10－01<br>办公设备维修工 4－07－11－01 |
| 0531 | 电子材料与元器件 | | 液晶显示器件制造工 6－08－01－07<br>电阻器制造工 6－08－02－01<br>电容器制造工 6－08－02－02<br>石英晶体生长设备操作工 6－08－02－04<br>压电石英晶片加工工 6－08－02－05<br>石英晶体元器件制造工 6－08－02－06<br>电声器件制造工 6－08－02－07<br>水声换能器制造工 6－08－02－08<br>专用继电器制造工 6－08－02－09<br>高频电感器械制造工 6－08－02－10<br>接插件制造工 6－08－02－11<br>磁头制造工 6－08－02－12<br>电子产品制版工 6－08－02－13<br>印制电路制作工 6－08－02－14 |

续表

| 专业编码 | 现有职业学校专业名称 | | 对应：1. 职业技能鉴定职业（工种）及代号<br>2. OSTA 模块化职业能力认证项目 |
|---|---|---|---|
| 0532 | 微电子技术与器件 | | 真空电子器件化学零件制造工 6－08－01－01<br>真空电子器件金属零件制造工 6－08－01－03<br>电子真空镀膜工 6－08－01－04<br>真空电子器件装配工 6－08－01－05<br>真空电子器件装调工 6－08－01－06<br>单晶片加工工 6－08－01－08<br>半导体芯片制造工 6－08－01－09<br>半导体分立器件、集成电路装调工 6－08－01－10 |
| 0533 | 化学工艺 | 1. 煤化工<br>2. 天然气化工<br>3. 无机化工工艺<br>4. 有机化工工艺<br>5. 高分子化学工艺 | 焦炉调温工 6－03－03－02<br>煤制气工 6－03－03－04<br>硫酸生产工 6－03－05－01<br>硝酸生产工 6－03－05－02<br>盐酸生产工 6－03－05－03<br>磷酸生产工 6－03－05－04<br>纯碱生产工 6－03－05－05<br>烧碱生产工 6－03－05－06<br>氟化盐生产工 6－03－05－07<br>缩聚磷酸盐生产工 6－03－05－08<br>无机化学反应工 6－03－05－09<br>高频离子工 6－03－05－10<br>气体深冷分离工 6－03－05－11<br>工业气体液化工 6－03－05－12<br>二氧化碳制造工 6－03－05－14<br>脂肪烃生产工 6－03－06－01<br>环烃生产工 6－03－06－02<br>烃类衍生物生产工 6－03－06－03 |
| 0534 | 工业分析与检验 | | 化学检验工 6－26－01－01<br>材料成分检验工 6－26－01－02 |
| 0535 | 石油炼制 | | 燃料油生产工 6－03－02－01<br>润滑油、脂生产工 6－03－02－02<br>石油产品精制工 6－03－02－03<br>油制气工 6－03－02－04 |

续表

| 专业编码 | 现有职业学校专业名称 | | 对应：1. 职业技能鉴定职业（工种）及代号<br>2. OSTA 模块化职业能力认证项目 |
|---|---|---|---|
| 0536 | 石油与天然气贮运 | 1. 石油贮运<br>2. 天然气贮运<br>3. 油气管道保护 | 油气输送工 6—01—06—06<br>油气管道保护工 6—01—06—07 |
| 0537 | 化工过程装备技术 | 1. 化工机械使用与维护<br>2. 化工设备腐蚀与防护<br>3. 化工机械检测与故障诊断<br>4. 化工设备制造 | 防腐蚀工 6—03—01—15 |
| 0538 | 化工过程监测与控制 | | 化学总控工 6—03—01—07 |
| 0539 | 精细化工工艺 | 1. 化学制药<br>2. 日用化工 | 制皂工 6—03—17—01<br>洗衣粉成型工 6—03—17—04<br>合成洗涤剂制造工 6—03—17—05<br>化妆品配制工 6—03—17—08<br>牙膏制造工 6—03—17—09<br>化学合成制药 6—14—01—01 |
| 0540 | 生物化工 | 生物技术制药 | 生化药品制造工 6—14—02—01<br>发酵工程制药工 6—14—02—02<br>疫苗制品工 6—14—02—03<br>血液制品工 6—14—02—04<br>基因工程产品工 6—14—02—05 |
| 0541 | 林产化工 | | 松香工 6—03—15—01<br>松节油制品工 6—03—15—02<br>栲胶生产工 6—03—15—04<br>紫胶生产工 6—03—15—05 |
| 0542 | 高分子材料加工工艺 | 复合材料 | 树脂基复合材料工 6—03—16—01<br>橡胶基复合材料工 6—03—16—02 |
| 0543 | 核技术应用 | | |
| 0544 | 核化学化工 | | |
| 0545 | 火炸药技术 | | 雷管制造工 6—05—16—01<br>索状爆破器材制造工 6—05—16—02<br>火工品装配工 6—05—16—03 |

**附录五** 职业学校专业与职业技能鉴定职业（项目）对应目录（试行）

续表

| 专业编码 | 现有职业学校专业名称 | 对应：1. 职业技能鉴定职业（工种）及代号<br>2. OSTA 模块化职业能力认证项目 |
|---|---|---|
| 0546 | 食品生物工艺<br><br>1. 糕点面包烘焙<br>2. 肉制品工艺<br>3. 饮料工艺<br>4. 乳制品工艺<br>5. 酿造（发酵）工艺 | 乳品预处理工 6－12－03－01<br>乳品加工工 6－12－03－02<br>饮料制作工 6－12－03－06<br>白酒酿造工 6－12－04－01<br>啤酒酿造工 6－12－04－02<br>黄酒酿造工 6－12－04－03<br>果露酒酿造工 6－12－04－04<br>糕点面包烘焙工 6－12－06－01<br>糕点装饰工 6－12－06－02<br>熟肉制品加工工 6－12－08－01 |
| 0547 | 粮油饲料加工与储检<br><br>1. 粮食<br>2. 饲料加工<br>3. 油脂制取与加工<br>4. 粮油储运与检验 | 制米工 6－12－01－01<br>制粉工 6－12－01－02<br>制油工 6－12－01－03<br>米面主食制作工 6－12－06－03<br>油脂制品工 6－12－06－04<br>豆制品制作工 6－12－06－06<br>饲料厂中央控制室操作工 6－12－09－06<br>食品检验工 6－26－01－08<br>饲料检验工 6－26－01－09 |
| 0548 | 皮革工艺及制品<br><br>1. 毛皮及皮革工艺<br>2. 皮革制品及裘皮制品设计与制造<br>3. 皮鞋设计与制造<br>4. 皮服设计与制造<br>5. 皮件设计与制造 | 制鞋工 6－11－02－01<br>制帽工 6－11－02－02<br>皮革加工工 6－11－03－01<br>毛皮加工工 6－11－03－02 |
| 0549 | 印刷技术 | 平版制版工 6－20－01－01<br>凸版制版工 6－20－01－02<br>凹版制版工 6－20－01－03<br>孔版制版工 6－20－01－04<br>平版印刷工 6－20－02－01<br>凸版印刷工 6－20－02－02<br>凹版印刷工 6－20－02－03<br>孔版印刷工 6－20－02－04<br>装订工 6－20－03－01<br>印品整饰工 6－20－03－02 |

续表

| 专业编码 | 现有职业学校专业名称 | | 对应：1. 职业技能鉴定职业（工种）及代号<br>2. OSTA 模块化职业能力认证项目 |
|---|---|---|---|
| 0550 | 制浆造纸工艺 | | 制浆设备操作工 6—16—01—02<br>制浆废液回收利用工 6—16—01—03<br>造纸工 6—16—02—01<br>纸张整饰工 6—16—02—02 |
| 0551 | 塑料成型 | | 塑料制品配料工 6—09—02—01<br>塑料制品成型制作工 6—09—02—02 |
| 0552 | 橡胶工艺 | | 橡胶炼胶工 6—09—01—02<br>橡胶成形工 6—09—01—04<br>橡胶硫化工 6—09—01—05 |
| 0553 | 假肢与矫形器制造 | 1. 假肢设计与制造<br>2. 矫形器设计与制造 | 假肢制作装配工 6—05—09—02<br>矫形器制作装配工 6—05—09—03 |
| 0554 | 染整技术 | 1. 染整工艺<br>2. 纺织品检测 | 煮炼漂工 6—10—05—03<br>印染洗涤工 6—10—05—04<br>印染烘干工 6—10—05—05<br>印染定型工 6—10—05—07<br>纺织针织染色工 6—10—05—08<br>印花工 6—10—05—09<br>印染后整理工 6—10—05—11<br>印染染化料配制工 6—10—05—13 |
| 0555 | 纺织技术 | 1. 纺纱工艺<br>2. 机织工艺<br>3. 棉纺织<br>4. 毛纺织<br>5. 纺织品设计<br>6. 纺织机械与器材 | 细纱工 6—10—02—01<br>制线工 6—10—03—03<br>织布工 6—10—03—04 |
| 0556 | 化学纤维工艺 | | 化纤聚合工 6—03—09—01 |
| 0557 | 丝绸工艺 | 1. 制丝工艺<br>2. 丝织工艺 | 缫丝工 6—10—02—05 |
| 0558 | 针织工艺 | | 纬编工 6—10—04—01<br>经编工 6—10—04—02<br>横机工 6—10—04—03 |
| 0559 | 纺织复合材料工艺 | | 无纺布制造工 6—03—09—06 |

附录五 职业学校专业与职业技能鉴定职业（项目）对应目录（试行）

续表

| 专业编码 | 现有职业学校专业名称 | | 对应：1. 职业技能鉴定职业（工种）及代号<br>2. OSTA 模块化职业能力认证项目 |
|---|---|---|---|
| 0560 | 服装制作与营销 | | 裁剪工 6—11—01—01<br>缝纫工 6—11—01—02<br>缝纫制品整型工 6—11—01—03 |
| 0561 | 建筑与工程材料 | 1. 新型建筑材料<br>2. 粉体工程材料<br>3. 墙体及保温材料 | 加气混凝土制品工 6—17—02—02<br>高分子卷材生产工 6—17—03—02<br>保温材料制造工 6—17—04—01<br>吸音材料生产工 6—17—04—02 |
| 0562 | 硅酸盐工艺及工业控制 | 1. 水泥工艺<br>2. 耐火材料<br>3. 建材工业控制技术<br>4. 陶瓷工艺<br>5. 玻璃工艺 | 水泥生产制造工 6—17—01—01<br>耐火材料烧成工 6—17—07—03<br>耐火纤维制品工 6—17—07—05<br>玻璃熔化工 6—18—01—02<br>玻璃制板及玻璃成型工 6—18—01—03<br>陶瓷成型工 6—18—04—02<br>陶瓷烧成工 6—18—04—03 |
| 06 | 交通运输类 | | |
| 0601 | 铁道运输管理 | 1. 铁道运输行车调度<br>2. 铁道运输营销 | 车站货运作业组织员 6—05—02—04<br>车站货运员 6—05—02—05<br>车站行车作业员 6—24—02—01<br>车站转运作业计划员 6—24—02—02<br>车号员 6—24—02—03<br>车站调车作业员 6—24—02—05<br>机车调度员 6—24—02—08 |
| 0602 | 电力机车运用与检修 | 1. 电力机车检修<br>2. 电力机车驾驶 | 机车乘务员 6—24—02—07<br>铁路机车机械制修工 6—05—07—02<br>铁路机车辆车制动修造工 6—05—07—06 |
| 0603 | 内燃机车检修 | 1. 内燃机车检修<br>2. 内燃机车驾驶 | 机车乘务员 6—24—02—07<br>铁路机车机械制修工 6—05—07—02<br>铁路机车辆车制动修造工 6—05—07—06 |
| 0604 | 铁道车辆运用与检修 | 1. 车辆制冷与空调<br>2. 车辆安全监测 | 发电车乘务员 6—24—02—09<br>列车轴温检测员 6—24—02—12<br>铁路车辆机械制修工 6—05—07—03<br>铁路辆车电气装修工 6—05—07—05<br>铁路机车辆车制动修造工 6—05—07—06 |

续表

| 专业编码 | 现有职业学校专业名称 | | 对应：1. 职业技能鉴定职业（工种）及代号<br>2. OSTA 模块化职业能力认证项目 |
|---|---|---|---|
| 0605 | 船舶驾驶 | | 船舶甲板设备操作工 6—24—04—01 |
| 0606 | 轮机管理 | | 船舶机舱设备操作工 6—24—04—02 |
| 0607 | 船舶水手与机工 | | 船舶甲板设备操作工 6—24—04—01<br>船舶机舱设备操作工 6—24—04—02 |
| 0608 | 外轮理货 | | 理货员 4—02—01—02 |
| 0609 | 船舶检验 | | |
| 0610 | 工程潜水 | | 潜水员 6—24—04—04 |
| 0611 | 民航运输 | | 航空运输地面服务员 4—05—03—02 |
| 0612 | 飞机及发动机维修 | | 民用航空器维护人员 6—06—03—01<br>民用航空器修理人员 6—06—03—02 |
| 0613 | 航空服务 | 1. 航空安检<br>2. 空中服务<br>3. 空港服务 | 违禁品检验员 3—02—02—02<br>航空运输飞行服务员 4—05—03—01<br>航空运输地面服务员 4—05—03—02 |
| 0614 | 航空油料管理 | | 航空油料员 6—24—03—02 |
| 0615 | 汽车运用与维修 | 1. 汽车维修<br>2. 汽车电子电器维修<br>3. 汽车装潢 | 汽车驾驶员 6—24—01—01<br>汽车修理工 6—06—01—02 |
| 0616 | 交通运输管理 | 1. 城市交通营运<br>2. 水路运输管理<br>3. 公路运输管理 | 汽车货运站务员 4—05—01—02<br>汽车运输调度员 4—05—01—03<br>公路收费及监控员 4—05—01—04<br>船舶业务员 4—05—04—01<br>港口客运员 4—05—04—02 |
| 0617 | 高级公路养护管理 | | 公路收费及监控员 4—05—01—04<br>筑路机械操作工 6—23—09—01<br>筑路、养护工 6—23—09—02 |
| 07 | 信息技术类 | | |
| 0701 | 电子与信息技术 | 1. 无线电通讯<br>2. 电子测量技术与仪器<br>3. 电子线路 CAD/CAM | 电子设备装接工 6—08—04—02<br>无线电调试工 6—08—04—03<br>电子精密机械装调工 6—08—04—06<br>通讯交换设备调试工 6—08—04—09 |
| 0702 | 电子技术应用 | 1. 电子声像设备<br>2. 电子产品营销 | 电子设备装接工 6—08—04—02<br>无线电调试工 6—08—04—03 |

**附录五** 职业学校专业与职业技能鉴定职业（项目）对应目录（试行）

续表

| 专业编码 | 现有职业学校专业名称 | | 对应：1. 职业技能鉴定职业（工种）及代号<br>2. OSTA 模块化职业能力认证项目 |
|---|---|---|---|
| 0703 | 广播电视应用技术 | 1. 发送技术<br>2. 播控技术<br>3. 数字技术<br>4. 有线电视技术 | 有线通信传输设备调试工 6－08－04－08 |
| 0704 | 飞行器电子设备维修 | | 飞机仪表安装试验工 6－05－19－10<br>飞机无线电设备安装调试工 6－05－19－12<br>飞机雷达安装调试工 6－05－19－13 |
| 0705 | 船舶电子设备 | | 无线电航标操作工 6－24－04－03 |
| 0706 | 通信技术 | 1. 无线通信<br>2. 光纤通信<br>3. 移动通信<br>4. 数据通信<br>5. 通信用户终维修技术 | 传输机务员 3－03－03－01<br>无线电调试工 6－08－04－03 |
| 0707 | 通信电源技术 | | 通信电力机务员 3－03－03－05 |
| 0708 | 通信运营管理 | | |
| 0709 | 铁道信号 | 1. 地铁列车信号<br>2. 城市轨道交通信号 | 铁路信号组调工 6－08－04－14 |
| 0710 | 船舶通信与导航 | | 无线电航标操作工 6－24－04－03 |
| 0711 | 计算机及应用 | 1. 计算机信息管理<br>2. 多媒体技术与应用 | 计算机操作员 3－01－02－05★<br>电子计算机（微机）维修工 6－08－05－01 |
| 0712 | 计算机软件 | | （计算机考试参加全国统考） |
| 0713 | 计算机网络技术 | 1. 计算机网络工程与维护<br>2. 计算机网络管理与应用 | OSTA\MICROSOFT 计算机应用能力"双认证"项目（有 16 个模块，可自选） |
| 0714 | 计算机及外设维修 | 计算机控制技术 | OSTA 计算机信息高新技术考试项目（有 14 个模块，可自选） |
| 0715 | 邮政通信管理 | 1. 国际邮政业务<br>2. 邮政网络运输<br>3. 邮政营销<br>4. 邮政财会 | 邮政营业员 3－03－01－01<br>邮件处理员 3－03－01－02<br>投递员 3－03－01－03<br>邮政储汇员 3－03－01－04 |
| 0716 | 邮政自动化技术 | | |
| 08 | 医药卫生类 | | |

续表

| 专业编码 | 现有职业学校专业名称 | | 对应：1. 职业技能鉴定职业（工种）及代号<br>2. OSTA 模块化职业能力认证项目 |
|---|---|---|---|
| 0801 | 护理 | 保健护理 | 医疗临床辅助服务员 4—06—01—01<br>卫生防疫、妇幼保健员 4—06—01—03 |
| 0802 | 助产 | 妇幼保健 | 卫生防疫、妇幼保健员 4—06—01—03 |
| 0803 | 卫生保健 | 1. 农村卫生保健<br>2. 营养<br>3. 健康教育 | 卫生防疫、妇幼保健员 4—06—01—03 |
| 0804 | 计划生育技术 | 生殖医学检验 | 卫生防疫、妇幼保健员 4—06—01—03 |
| 0805 | 人口与计划生育管理 | | |
| 0806 | 卫生信息管理 | | 医疗临床辅助服务员 4—06—01—01 |
| 0807 | 医学生物技术 | 1. 生物制品技术<br>2. 医学实验技术<br>3. 医学实验动物技术与管理 | 实验动物饲养工 5—03—04—01<br>生化药品制造工 6—14—02—01<br>发酵工程制药工 6—14—02—02<br>疫苗制品工 6—14—02—03<br>血液制品工 6—14—02—04<br>基因工程产品工 6—14—02—05 |
| 0808 | 眼视光技术 | | 眼镜验光员 4—07—06—01<br>眼镜定配工 4—07—06—02 |
| 0809 | 医学影像技术 | | |
| 0810 | 医学检验 | | |
| 0811 | 口腔工艺技术 | | |
| 0812 | 康复技术 | | |
| 0813 | 药剂 | 1. 药物制剂<br>2. 制药工艺<br>3. 微生物制药工艺<br>4. 药物分析检验<br>5. 药品营销 | 医药商品购销员 4—01—99—01<br>化学合成制药工 6—14—01—01<br>药物制剂工 6—14—03—01<br>药物检验工 6—26—01—21 |
| 0814 | 中医 | | |
| 0815 | 中医骨伤 | | |
| 0816 | 中医护理 | 中医保健护理 | 保健按摩师 4—04—03—04 |

附录五 职业学校专业与职业技能鉴定职业（项目）对应目录（试行）

续表

| 专业编码 | 现有职业学校专业名称 | | 对应：1. 职业技能鉴定职业（工种）及代号<br>2. OSTA 模块化职业能力认证项目 |
|---|---|---|---|
| 0817 | 中药 | 1. 中药药剂<br>2. 中药营销<br>3. 药材生产 | 中药购销员 4—01—03—01<br>中药调剂员 4—01—99—02<br>中药材种植员 5—01—05—01<br>中药材养殖员 5—01—05—02<br>中药炮制与配制工 6—14—04—01<br>中药液体制剂工 6—14—04—02<br>中药固体制剂工 6—14—04—03 |
| 0818 | 中药制药 | | |
| 0819 | 中医康复保健 | | |
| 0820 | 藏医医疗 | | |
| 0821 | 维医医疗 | | |
| 0822 | 蒙医医疗与蒙药 | | |
| 09 | 商贸与旅游类 | | |
| 0901 | 商品经营 | 1. 日用百货经营<br>2. 家电商品经营<br>3. 食品经营<br>4. 医药商品经营<br>5. 珠宝玉器经营 | 营业员 4—01—01—01<br>珠宝首饰营业员 4—01—01—01<br>医药商品购销员 4—01—99—01 |
| 0902 | 市场营销 | | 推销员 4—01—02—01<br>营销师 4—01—02—01 |
| 0903 | 电子商务 | | 电子商务师 4—99—00—01★ |
| 0904 | 国际商务 | | OSTA \ ETS（美国教育考试服务中心）国际<br>交流英语水平"双认证"（托福考试）项目 |
| 0905 | 商务外语 | | |
| 0906 | 纺织品检测与贸易 | 1. 纺织品贸易<br>2. 纺织品营销 | 纺织纤维检验工 6—26—01—12<br>针纺织品检验工 6—26—01—13<br>印染工艺检验工 6—26—01—14 |
| 0907 | 物资经营与管理 | | 推销员 4—01—02—01★<br>营销师 4—01—02—01★<br>电子商务师 4—99—00—01★ |
| 0908 | 烟草专卖管理 | | |
| 0909 | 商品储运与配送 | 烟草储存与运输 | 电子商务师 4—99—00—01★ |
| 0910 | 房地产经营与配送 | 1. 房地产价格评估<br>2. 房地产中介服务 | 物业管理员 4—07—02—01★ |

171

续表

| 专业编码 | 现有职业学校专业名称 | | 对应：1. 职业技能鉴定职业（工种）及代号<br>2. OSTA 模块化职业能力认证项目 |
|---|---|---|---|
| 0911 | 烹饪 | 1. 中餐<br>2. 西餐<br>3. 面点 | 中式烹调师 4－03－01－01<br>中式面点师 4－03－01－02<br>西式烹调师 4－03－02－01<br>西式面点师 4－03－02－02 |
| 0912 | 美容美发与形象设计 | | 美容师 4－07－04－01<br>美发师 4－07－04－02 |
| 0913 | 首饰加工与经营 | | 珠宝首饰营业员 4－01－01－01<br>宝石琢磨工 6－21－01－01<br>贵金属首饰手工制作工 6－21－01－02 |
| 0914 | 钟表眼镜配制与修理 | | 眼镜定配工 4－07－06－02<br>钟表维修工 4－07－10－04 |
| 0915 | 饭店服务与管理 | | 调酒师 4－03－03－01<br>餐厅服务员 4－03－05－01<br>前厅服务员 4－04－01－01<br>客房服务员 4－04－01－02<br>康乐服务员 4－04－03－03 |
| 0916 | 旅游服务与管理 | 1. 外语导游<br>2. 中文导游<br>3. 森林生态旅游<br>4. 旅游景区服务与管理 | 导游 4－04－02－01<br>OSTA＼ETS（美国教育考试服务中心）国际交流英语水平"双认证"（托福考试）项目 |
| 10 | 财经类 | | |
| 1001 | 财政事务 | | |
| 1002 | 会计 | | |
| 1003 | 审计事务 | | |
| 1004 | 金融事务 | | |
| 1005 | 税务事务 | | |
| 1006 | 统计 | | |
| 1007 | 统计调查与信息服务 | | |
| 1008 | 物价 | | |
| 11 | 文化艺术与体育类 | | |
| 1101 | 群众文化艺术 | | |
| 1102 | 文化影视事业管理 | | |

**附录五** 职业学校专业与职业技能鉴定职业（项目）对应目录（试行）

续表

| 专业编码 | 现有职业学校专业名称 | | 对应：1. 职业技能鉴定职业（工种）及代号 2. OSTA模块化职业能力认证项目 |
|---|---|---|---|
| 1103 | 广播影视节目制作 | | |
| 1104 | 播音与节目主持 | | |
| 1105 | 影像与影视艺术 | 1. 摄影艺术 2. 录音艺术 3. 灯光艺术 4. 影视艺术 | 摄影师 4—07—05—01 冲印师 4—07—05—02 照明设备操作员 6—19—03—01 音响调音员 6—19—03—05 舞台音响效果工 6—19—03—06 |
| 1106 | 图书信息管理 | | 图书资料业务人员 2—12—06—01 |
| 1107 | 出版与发行 | | |
| 1108 | 文物保护 | 1. 文物修复 2. 装裱 | 文物修复工 6—19—05—02 文物拓印工 6—19—05—03 装裱工 6—21—08—05 |
| 1109 | 音乐 | | |
| 1110 | 舞蹈表演 | | |
| 1111 | 戏曲表演 | | |
| 1112 | 曲艺表演 | | |
| 1113 | 戏剧表演 | | |
| 1114 | 杂技与魔术表演 | | |
| 1115 | 木偶与皮影表演及制作 | 1. 木偶制作 2. 木偶表演 3. 皮影设计与制作 4. 皮影戏表演 | 影视木偶制作员 6—19—01—05 |
| 1116 | 工艺美术 | 1. 工业造型设计 2. 工艺品设计 3. 装潢设计 4. 室内设计 5. 广告制作与装潢 6. 染织美术 | 工艺品雕刻工 6—21—07—01 装饰美工 6—21—08—01 |
| 1117 | 美术绘画 | | |
| 1118 | 美术设计 | 1. 影视广告 2. 美术影视与动画 3. 电脑美术设计 | 影视动画制作员 6—19—01—04 装饰美工 6—21—08—01 |
| 1119 | 服装设计与工艺 | | 裁缝 6—11—01—04 |
| 1120 | 服装表演 | | 服装模特 4—01—02—03 |

续表

| 专业编码 | 现有职业学校专业名称 | | 对应：1. 职业技能鉴定职业（工种）及代号<br>2. OSTA 模块化职业能力认证项目 |
|---|---|---|---|
| 1121 | 民间传统工艺 | | |
| 1122 | 休闲体育服务<br>与管理 | | 社会体育指导员 4—01—03—01 |
| 1123 | 运动训练 | | |
| 1124 | 体育设施经营 | | |
| 12 | 社会公共事务类 | | |
| 1201 | 法律事务 | | |
| 1202 | 公安保卫 | | |
| 1203 | 治安管理 | | 保安员 3—02—02—01 |
| 1204 | 侦查 | | |
| 1205 | 监狱管理 | | |
| 1206 | 劳教管理 | | |
| 1207 | 保安 | 1. 内部保卫<br>2. 社区安全保卫<br>3. 经济保卫 | 保安员 3—02—02—01 |
| 1208 | 道路秩序管理 | | |
| 1209 | 工商行政<br>管理事务 | | |
| 1210 | 人力资源<br>管理事务 | | 企业人力资源管理员 2—02—34—07★ |
| 1211 | 社会保障事务 | | |
| 1212 | 民政服务与管理 | | |
| 1213 | 社会福利<br>事业管理 | | |
| 1214 | 计量与测试技术 | 1. 几何量——力学计量<br>2. 热工——电磁<br>3. 电子计量<br>4. 理化计量 | 长度计量工 6—26—04—01<br>热工计量工 6—26—04—02<br>衡器计量工 6—26—04—03<br>硬度测力计量工 6—26—04—04<br>容量计量工 6—26—04—05<br>电器计量工 6—26—04—06<br>化学计量工 6—26—04—07 |

**附录五** 职业学校专业与职业技能鉴定职业（项目）对应目录（试行）

续表

| 专业编码 | 现有职业学校专业名称 | | 对应：1. 职业技能鉴定职业（工种）及代号<br>2. OSTA模块化职业能力认证项目 |
|---|---|---|---|
| 1215 | 产品质量监督检验 | 1. 食品——化工<br>2. 机械——电器<br>3. 建筑工程及建材<br>4. 压力容器产品质量监督检验 | 化学检验工6－26－01－01<br>材料成分检验工6－26－01－02<br>材料物理性能检验工6－26－01－03<br>食品检验工6－26－01－08<br>机械产品检验工6－26－01－24<br>电器产品检验工6－26－01－27 |
| 1216 | 标准化及质量监督 | | |
| 1217 | 文秘 | 1. 行政事务秘书<br>2. 商务秘书 | 秘书3－01－02－01★<br>OSTA \ ETS（美国教育考试服务中心）国际交流英语水平"双认证"（托业考试）项目<br>OSTA \ MICROSOFT计算机应用能力"双认证"项目（有16个模块，可自选）<br>OSTA计算机信息高新技术考试项目（有14个模块，可自选） |
| 1218 | 公关礼仪 | | 公关员3－01－02－02★<br>OSTA \ ETS（美国教育考试服务中心）国际交流英语水平"双认证"（托业考试）项目 |
| 1219 | 物业管理 | 社区物业管理 | 物业管理员4－07－02－01★ |
| 1220 | 家政与社区服务 | 1. 社区服务与管理<br>2. 家政服务与管理<br>3. 社区康复 | 家政服务员4－07－12－02 |
| 1221 | 老年人服务与管理 | | 养老护理员4－07－12－03 |
| 1222 | 现代殡仪技术与管理 | 1. 殡葬社会工作<br>2. 殡葬应用技术<br>3. 殡葬单位经营与管理 | 殡仪服务员4－07－14－01<br>尸体防腐工4－07－14－03<br>尸体整容工4－07－14－04<br>尸体火化工4－07－14－05<br>墓地管理员4－07－14－06 |
| 13 | 其他类 | | |

注：★表示须参加全国统考的职业。

# 参考文献

[1] 黄艳芳等. 职业与人生［M］. 兰州：兰州大学出版社，2005.

[2] 姚裕群. 职业生涯规划与发展［M］. 北京：首都经济贸易大学出版社，2003.

[3] 程社明. 职业生涯开发与管理［J］. 中外企业文化，2003（02）.

[4] 刘春生，徐长发. 职业教育学［M］. 北京：教育科学出版社，2002.

[5] 蒋乃平，杜爱玲. 职业生涯设计［M］. 北京：高等教育出版社，2006.

[6] 唐凯麟，蒋乃平主编. 职业道德与职业指导［M］. 北京：高等教育出版社，2007.

[7] 程社明，戴洁. 人生发展与职业生涯规划［M］. 北京：团结出版社，2003.

[8] 杨晓华，曹炳志. 择业与创业指导教程［M］. 北京：化学工业出版社，2004.

[9] 黄利群. 完善中等职业学校职业指导的思考［D］. 湖南师范大学，2007.

[10] 孙中淼. 上海市中职学校职业指导问题与对策研究［D］. 华东师范大学，2008.

[11] 罗双平. 职业生涯规划理论［J］. 中国公务员，2003，（05）.

[12] 陈璧辉. 职业生涯理论述评［J］. 应用心理学，2003，（02）.

[13] 高奇. 职业生涯规划基本步骤［J］. 西北职教，2006，（11）.

[14] 李唤. 中等职业学校开展职业指导的现状与对策［D］. 华东师范大学，2006.

[15] 郭立艳. 江苏省中等职业学校职业指导现状与对策［D］. 南京师范大学，2007.

[16] 孙晓颖，江波. 国外职业指导工作的发展状况［J］. 中国培训，2005（03）.

[17] 沈琴琴. 我国职业指导的发展趋势［J］. 中国培训，2001（02）.

[18] 朱晔. 人力资源开发中的职业指导体系设计［J］. 中国培训，2000（09）.

[19] 林嵩，姜彦福. 创业研究进展综述与分析［J］. 管理现代化，2005（06）.

[20] 叶瑛，贺维平. 新创企业与成熟企业创业管理的比较研究［J］. 中国人才，2003（12）.

[21] 林嵩，张帏，邱琼. 创业过程的研究评述及发展动向［J］. 南开管理评论，2004（03）.

[22] 童天. 职业生涯发展与规划［M］. 北京：知识出版社，2006.

# 后 记

本书的编写正值广西开展声势浩大的职业教育攻坚战。自治区党委、自治区人民政府在《关于全面实施职业教育攻坚的决定》中，明确了职业教育攻坚的总体目标和主要任务，提出了要大力推进素质教育，全面提高学生综合素质。

对于中职生来说，全面提高综合素质的前提是要有改变自己的愿望，要有实现自我人生价值的潜在渴望。而有无这种渴望显然影响着他们正在接受的教育和将来要接受的教育。职业生涯规划教育的要旨在于唤醒学生对自己职业生涯发展的自我责任意识和主动意识，培养他们的职业生涯决策能力和自我管理能力，以及融入社会、融入企业的职业素质与职业精神。为此，本书从人的全面发展出发，向学生展示了职业生涯发展形态，阐述了如何确定职业生涯目标和规划人生的发展历程以及职业生涯发展所需的各种素质和条件。同时，在审视广西就业市场和中职生实际情况的基础上，对他们的就业与创业进行实战性的指导，以期使他们获得一种积极的人生态度，一种必要的生活模式，一种职业化的工作方式。因此，我们在本书的内容和形式上都进行了多项探索。

本书写作大纲由广西师范学院黄艳芳提出，并负责全书统稿，还参与编写第一、第二、第五单元。广西药科学校许援竺编写第三、第六单元。广西广播电视大学卢玉珑编写第二单元。广西师范学院孙锦瑞编写第一、第四单元。广西机电工程学校黄雪萍编写第五单元。广西机电工业学校罗华江参与本书的前期编写。

在本书编写和出版过程中，我们得到了来自各方的大力支持与鼓励。自治区教育厅职业教育与成人教育的领导对本书的编写和出版给予了高度重视，提出了很好的修改意见。在本书修订论证中，有50多所职业学校提出了宝贵的意见。在编写过程中，我们还参考了许多作者的著作与文章。在此，一并表示衷心的感谢！

由于时间仓促，水平有限，本书难免存在疏漏之处，恳请读者和专家不吝指正！

编写者